Korean Tutor

Grammar and Vocabulary Workbook

Jieun Kiaer and Derek Driggs

First published by Teach Yourself in 2022

An imprint of John Murray Press

A division of Hodder & Stoughton Ltd

An Hachette UK company

The acknowledgements on p. xii constitute an extension of this copyright page.

A CIP catalogue record for this title is available from the British Library.

Paperback ISBN 9781473623217

Typeset by KnowledgeWorks Global Ltd.

Printed and bound by CPI Group (UK) Ltd, Croydon, CR0 4YY

John Murray Press policy is to use papers that are natural, renewable and recyclable products and made from wood grown in sustainable forests. The logging and manufacturing processes are expected to conform to the environmental regulations of the country of origin.

John Murray Press
Carmelite House
50 Victoria Embankment
London EC4Y 0DZ

Nicholas Brealey Publishing
Hachette Book Group
Market Place, Center 53, State Street
Boston, MA 02109, USA

www.teachyourself.com

CONTENTS

SCOPE AND SEQUENCE OF UNITS

UNIT	CEFR	TOPIC	LEARNING OUTCOME
UNIT 1 안녕하세요. 식사하셨어요? pages 2–10	A2	*Personal information*	• Introduce yourself by discussing food
UNIT 2 나는 매일 커피를 마셔요 pages 11–18	B1	*Daily routines*	• Discuss daily routines
UNIT 3 우리 가족은 대가족이에요 pages 19–28	A2	*Family*	• Describe family members
UNIT 4 무엇을 살 거예요? pages 29–37	B1	*Shopping*	• Understand and make shopping plans • Express wants and desires
UNIT 5 취미는 뭐예요? pages 38–47	B1	*Leisure time*	• Identify and describe your hobbies
UNIT 6 누구한테서 영감을 받았어요? pages 48–58	B1	*People*	• Identify and describe people • Express ability and inability
UNIT 7 이번 주말에 친구를 만나러 갑니다 pages 59–69	A2	*Transport and travel*	• Recognize and describe different methods of transportation
UNIT 8 무엇을 좋아합니까? 무엇을 싫어합니까? pages 70–80	B1	*Likes and dislikes*	• Express ability, desire, preferences and avoidances • Express likes and dislikes

LANGUAGE		SKILLS	
GRAMMAR	**VOCABULARY**	**READING**	**WRITING**
Formal, informal, and polite styles Simple past and present tenses	Food	Read the first page of a cooking blog which introduces the blogger	Write a blog post introducing yourself
Present tense Particles 을, 를, 에/에서 Time expressions	Daily routine and time	Read an opinion article about coffee consumption in South Korea	Write an opinion article about the daily routines of people in your own country
Possessives Numbers (Present) progressive	Family	Read a magazine article of a celebrity introducing her family	Write a short magazine article to introduce your family
Future tense Wh- questions	Shopping for groceries, clothes and cosmetics	Read a blog about clothes shopping in Dongdaemun, Seoul	Write an email about clothes shopping
Use subject particles Use topic particles	Hobbies	Read a letter from a student to her host family	Write a letter to a host family
Past tense Passive verbs and-type coordination to join verbs and nouns	Important people and their achievements	Read an article on King Sejong	Write a short essay on a person who has had an impact on your life
But-type coordination to express contrast Conditional mood Adverbs from adjectives	Transport and travel	Read a brochure on how to go from Seoul to Seoraksan	Write a brochure introduction to your hometown
Because-type coordination to express reasons and causes Negative sentences to express inability and unwillingness	Likes and dislikes	Read a letter from a friend on her experiences on holiday	Write a letter to a friend explaining your experiences travelling

LANGUAGE		SKILLS	
GRAMMAR	**VOCABULARY**	**READING**	**WRITING**
Relative clauses in the present, past and future tenses Command phrases	Business	Read a business email thread	Write an email as if you were the CEO of a small company
Auxiliary verbs Instrumental particles	Accommodation	Read a student's blog post about experiences with different types of accommodation	Write a social media post about the places you have lived
Location particles to describe time and place Use irregular verbs	Sports	Read an article on the Olympics	Write an article about the Olympic athletes from your country
Cause and effect Necessity and obligation	Healthy diet and food	Read an article on healthy diet from the newspaper	Write a letter to your friend who wants to eat more healthily
Object particles Dative particles Particles to express *only* and *just*	Film and cinema	Read a film review	Write a film review
Form adjectives from nouns	Emotions and attitudes	Read a fictional diary which describes daily emotions	Write your own diary describing your daily emotions
Negation Sentence endings	Recycling and the environment	Read a blog on recycling and environment protection	Write a blog on recycling and environment protection
Sentence endings to express surprise and confirmation Transitive and intransitive verbs	Studying languages	Read an article on the study of English	Write an article about why studying language is important
Sequential connectors to order events	CV building	Read the personal statement of a job applicant	Write your own personal statement for a job application

LANGUAGE		SKILLS	
GRAMMAR	VOCABULARY	READING	WRITING
Sentence endings to express intentions and plans	Careers Expressions about trying new things	Read a job advertisement	Write a job advertisement to hire someone
Third-person and demonstrative pronouns Direct and indirect quotations Reported speech	University admissions	Read an article about the university admissions process in South Korea	Write an article describing the university admissions process in your own country
Comparatives to express similarities and differences Constructions to express ability and knowledge	Banking and finance	Read a bank leaflet and an email query	Write your own email query to the bank

My name is Jieun Kiaer. I studied Child Studies and Linguistics as an undergraduate at Seoul National University. I finished my MA at Seoul National University, specializing in formal linguistics. I then studied my PhD in Dynamic Syntax under the supervision of Professor Ruth Kempson. My PhD was on the role of processing and interface in syntactic theory. I aimed to find the driving force of efficient structures that survive and thrive, using corpus and experimental methods, and focusing specifically on the Korean language. Since completing my PhD I have been working as a Professor of Korean Linguistics at Oxford since 2007. I have authored more than 30 books on the Korean language, linguistics, and translation. I have pioneered Korean Wave linguistics studies and am currently working on innovative methods of language learning, including apps and the metaverse.

Jieun Kiaer

I moved to Korea as a teenager and fell in love with the people, their culture, and their language. I learnt to speak fluently during my years there, and have had the opportunity to live there extensively as an adult as well. In the United States, I worked for years as a Korean teacher for Christian missionaries preparing to move to the country, and I then pursued a Masters degree in Korean Studies at Oxford University. During my PhD in Linguistics I had more opportunities to live and study in Korea as I completed my research on East Asian languages and societies. I have personally learnt to love this language and have been excited as Korean pop culture has inspired more and more people to learn it. Along with my linguistics research, I now teach Korean at university level and love seeing students learn! With its different levels of politeness and its honorific system, some people are intimidated by Korean at first, but this language has a beautiful logic to it, and I am confident that any person who wants to can quickly learn it, and some day master it.

Derek Driggs

Acknowledgements

We would like to extend a huge thank you to Emily Lord and Edward Voet who worked closely with us from the beginning of the project.

We are also grateful to our editors, Frances Amrani, Robert Vernon and Emma Green.

Thanks also to our students for taking the time to test some of these units.

If you have studied Korean before but would like to brush up on or improve your grammar, vocabulary, reading and writing skills, this is the book for you. *Korean Tutor* is a grammar workbook which contains a comprehensive grammar syllabus starting from advanced beginner level to upper intermediate level and combines grammar and vocabulary presentations with over 200 practice exercises.

The language you will learn is presented through concise explanations, engaging exercises, simple infographics, and personal tutor tips. The infographics present grammar points in an accessible format while the personal tutor tips offer advice on correct usage, colloquial alternatives, exceptions to rules, etc. Each unit contains reading comprehension activities incorporating the grammar and vocabulary taught, as well as freer writing and real-life tasks. The focus is on building up your skills while reinforcing the target language. The reading stimuli include emails, blogs and social media posts using real language so you can be sure you're learning vocabulary and grammar that will be useful for you.

You can work through the workbook by itself or you can use it alongside our *Complete Korean* course or any other language course. This workbook has been written to reflect and expand upon the content of *Complete Korean* and is a good place to go if you would like to practise your reading and writing skills on the same topics.

Icons

 Discovery

 Vocabulary

 Writing

 Reading

 Personal Tutor

THE DISCOVERY METHOD

There are lots of philosophies and approaches to language learning, some practical, some quite unconventional, and far too many to list here. Perhaps you know of a few, or even have some techniques of your own. In this book we have incorporated the Discovery Method of learning, a sort of awareness-raising approach to language learning. This means that you will be encouraged throughout to engage your mind and figure out the language for yourself, through identifying patterns, understanding grammar concepts, noticing words that are similar to English, and more. This method promotes language awareness, a critical skill in acquiring a new language. As a result of your own efforts, you will be able to better retain what you have learnt, use it with confidence, and, even better, apply those same skills to continuing to learn the language (or, indeed, another one) on your own after you have finished this book.

Everyone can succeed in learning a language – the key is to know how to learn it. Learning is more than just reading or memorizing grammar and vocabulary, it's about being an active learner, learning in real contexts, and, most importantly, using what you've learnt in different situations. Simply put, if you figure out something for yourself, you're more likely to understand it. And when you use what you've learnt, you're more likely to remember it.

As many of the essential but (let's admit it!) challenging details, such as grammar rules, are introduced through the Discovery Method, you'll have more fun while learning. Soon, the language will start to make sense and you'll be relying on your own intuition to construct original sentences independently, not just reading and copying.

Enjoy yourself!

BECOME A SUCCESSFUL LANGUAGE LEARNER

1 Make a habit out of learning
- ▶ Study a little every day, between 20 and 30 minutes is ideal.
- ▶ Give yourself **short-term goals**, e.g. work out how long you'll spend on a particular unit and work within this time limit, and **create a study habit**.
- ▶ Try to **create an environment conducive to learning** which is calm and quiet and free from distractions. As you study, do not worry about your mistakes or the things you can't remember or understand. Languages settle gradually in the brain. Just **give yourself enough time** and you will succeed.

2 Maximize your exposure to the language
- ▶ As well as using this book, you can listen to radio, watch TV and films or read online articles and blogs.
- ▶ Do you have a personal passion or hobby? Does a news story interest you? Try to access Korean information about them. It's entertaining and you'll become used to a range of writing and speaking styles.

3 Vocabulary
- ▶ Group new words under **generic categories,** e.g. food, furniture, **situations** in which they occur, e.g. under restaurant you can write *waiter*, *table*, *menu*, *bill*, and **functions**, e.g. *greetings*, *parting*, *thanks*, *apologizing*.
- ▶ Write the words over and over again. Keep lists on your smartphone or tablet, but remember to switch the keyboard language.
- ▶ Cover up the English side of the vocabulary list and see if you remember the meaning of the word. Do the same for the Korean.
- ▶ Create flash cards, drawings and mind maps.
- ▶ Write Korean words on sticky notes and attach them to objects around your house.
- ▶ **Experiment with words**. Look for patterns in words.

4 Grammar
- ▶ **Experiment with grammar rules**. Sit back and reflect on how the rules of Korean compare with your own language or other languages you may already speak.
- ▶ Use known vocabulary to practise new grammar structures.
- ▶ When you learn a new verb form, write the conjugation of several different verbs you know that follow the same form.

5 Reading
The passages in this book include questions to help guide you in your understanding. But you can do more:

- ▶ **Imagine the situation**. Think about what is happening in the extract/passage and make educated guesses, e.g. a postcard is likely to be about things someone has been doing on holiday.
- ▶ **Guess the meaning of key words before you look them up**. When there are key words you don't understand, try to guess what they mean from the context.

If you're reading a Korean text and cannot get the gist of a whole passage because of one word or phrase, try to look at the words around that word and see if you can work out the meaning from context.

6 Writing

▶ Practice makes perfect. The most successful language learners know how to overcome their inhibitions and keep going.

▶ When you write an email to a friend or colleague, or you post something on social media, pretend that you have to do it in Korean.

▶ When completing writing exercises see how many different ways you can write something, imagine yourself in different situations and try answering as if you were someone else.

▶ Try writing longer passages such as articles, reviews or essays in Korean, it will help you to formulate arguments and convey your opinion as well as helping you to think about how the language works.

▶ Try writing a diary in Korean every day, this will give context to your learning and help you progress in areas which are relevant to you.

7 Visual learning

▶ Have a look at the infographics in this book. Do they help you to visualize a useful grammar point? You can keep a copy of those you find particularly useful to hand to help you in your studies, or put it on your wall until you remember it. You can also look up infographics on the Internet for topics you are finding particularly tricky to grasp, or even create your own.

8 Learn from your errors

▶ Making errors is part of any learning process, so don't be so worried about making mistakes that you won't write anything unless you are sure it is correct. This leads to a vicious circle: the less you write, the less practice you get and the more mistakes you make.

▶ Note the seriousness of errors. Many errors are not serious as they do not affect the meaning.

9 Learn to cope with uncertainty

▶ Don't over-use your dictionary.
Resist the temptation to look up every word you don't know. Read the same passage several times, concentrating on trying to get the gist of it. If after the third time some words still prevent you from making sense of the passage, look them up in the dictionary.

The written language of Korea is unique. Called **hangeul** (한글), this writing system is one of a kind. Up until the fifteenth century, Koreans did not have their own alphabet. Their language was mostly an oral one. The common people especially tended to be illiterate and passed their language down orally over many years. The only writing system the Korean people did have access to was the Chinese characters of their neighbouring country. Being well versed in Chinese literature was a sign of prestige in Korean society, and many scholars and government officials used Chinese as their primary writing system. However, this was ineffective; Chinese shares none of Korean's sentence structure or grammar, it cannot compensate for verb conjugation or speech level, and it is void of the particles which are essential to Korean. Because of this, Koreans began early on to devise their own kind of code language. They used Chinese characters to express Korean but putting the characters in Korean sentence order and adding similar-sounding characters for markers and conjugations. These systems, with names like **idu**, **hyangchal**, and others, lasted a long time. Much Korean literature is recorded using this kind of writing system.

However, such a writing system was similar to a secret code, and it effectively made it impossible for the lower class to become literate. Part way through the Joseon dynasty, King Sejong, a great ruler who focused much on the wellbeing of the population, decided something needed to be done about the literacy of his people. He recognized that writing Korean in modified Chinese characters was simply not ideal, and so he counselled his advisors and scholars and set to work creating a new alphabet.

King Sejong, who was a gifted linguist and scientist, designed an alphabet unlike any other. **Hangeul**, originally called 'The proper sounds for the education of the people', was meant to be easy enough to learn in a day. King Sejong used the shape of the mouth as it forms different consonants to design his letters. He used Neo-Confucian philosophy to design his vowel system. He finished his alphabet and instructions on how to use it in 1443. **Hangeul** was a groundbreaking achievement. Unfortunately, there were those who opposed the creation and use of such an alphabet. They felt that maintaining ties to China was of paramount importance. For several centuries, **hangeul** was prevented from wide circulation. Through the years, however, commoners began to use **hanguel** to record their literature, and it soon gained a foothold in the Korean independence movement. Today, **hanguel** is used by all Koreans, both North and South.

Hangeul uses 24 main letters, with 14 consonants and 10 vowels. These can be modified to form complex letters, including aspirated and reinforced consonants, diphthongs, and consonant clusters. The letters are placed into blocks which make up individual syllables. These syllables can sometimes be words on their own, but more frequently they combine with other syllables to form words. Like the English alphabet, **hangeul** is a phonetic system, and once you have learnt to sound out the letters you will be able to read new words without a problem. Learning **hangeul** is the first step to learning Korean. You can use the chart in this book to help you review the letters if you need to.

In the following charts, combine the consonants on the far left side with the vowel sounds on top to create syllables, as shown in the first column.

	ㅏ A	ㅑ YA	ㅓ EO	ㅕ YEO	ㅗ O	ㅛ YO	ㅜ U	ㅠ YU	ㅡ EU	ㅣ I
ㄱ g	가 ga	갸	거	겨	고	교	구	규	그	기
ㄴ n	나 na	냐	너	녀	노	뇨	누	뉴	느	니
ㄷ d	다 da	댜	더	뎌	도	됴	두	듀	드	디
ㄹ r	라 ra	랴	러	려	로	료	루	류	르	리
ㅁ m	마 ma	먀	머	며	모	묘	무	뮤	므	미
ㅂ b	바 ba	뱌	버	벼	보	뵤	부	뷰	브	비
ㅅ s	사 sa	샤	서	셔	소	쇼	수	슈	스	시
ㅇ silent	아 a	야	어	여	오	요	우	유	으	이
ㅈ j	자 ja	쟈	저	져	조	죠	주	쥬	즈	지
ㅊ ch	차 cha	챠	처	쳐	초	쵸	추	츄	츠	치
ㅋ k	카 ka	캬	커	켜	코	쿄	쿠	큐	크	키
ㅌ t	타 ta	탸	터	텨	토	툐	투	튜	트	티
ㅍ p	파 pa	퍄	퍼	펴	포	표	푸	퓨	프	피
ㅎ h	하 ha	햐	허	혀	허	효	후	휴	흐	히

	ㅐ AE	ㅒ YAE	ㅔ E	ㅖ YE	ㅘ WA	ㅙ WAE	ㅚ OE	ㅝ WO	ㅞ WE	ㅟ WI	ㅢ UI
ㄱ g	개 gae	걔	게	계	과	괘	괴	궈	궤	귀	긔
ㄴ n	내 nae	냬	네	녜	놔	놰	뇌	눠	눼	뉘	늬
ㄷ d	대 dae	댸	데	뎨	돠	돼	되	둬	뒈	뒤	듸
ㄹ r	래 rae	럐	레	례	롸	뢔	뢰	뤄	뤠	뤼	릐
ㅁ m	매 mae	먜	메	몌	뫄	뫠	뫼	뭐	뭬	뮈	믜
ㅂ b	배 bae	뱨	베	볘	봐	봬	뵈	붜	붸	뷔	븨
ㅅ s	새 sae	섀	세	셰	솨	쇄	쇠	숴	쉐	쉬	싀
ㅇ silent	애 ae	얘	에	예	와	왜	외	워	웨	위	의
ㅈ j	재 jae	쟤	제	졔	좌	좨	죄	줘	줴	쥐	즤
ㅊ ch	채 chae	챼	체	쳬	촤	쵀	최	춰	췌	취	츼
ㅋ k	캐 kae	컈	케	켸	콰	쾌	괴	쿼	퀘	퀴	킈
ㅌ t	태 tae	턔	테	톄	톼	퇘	퇴	퉈	퉤	튀	틔
ㅍ p	패 pae	퍠	페	폐	퐈	퐤	푀	풔	풰	퓌	픠
ㅎ h	해 hae	햬	헤	혜	화	홰	회	훠	훼	휘	희

When consonants appear at the end of a syllable, they make a slightly different sound, as listed.

ㄱ	*k*
ㄴ	*n*
ㄷ	*t*
ㄹ	*l*
ㅁ	*m*
ㅂ	*p*
ㅅ	*t*
ㅇ	*ng*
ㅈ	*t*
ㅊ	*t*
ㅋ	*k*
ㅌ	*t*
ㅍ	*p*
ㅎ	*t*

Practise reading the following syllables:

가　만　부　틈　돌　삶　옰

A Use English letters to write the pronunciation of the following syllables.

1 라　　＿＿＿＿＿＿＿
2 저　　＿＿＿＿＿＿＿
3 문　　＿＿＿＿＿＿＿
4 각　　＿＿＿＿＿＿＿
5 밀　　＿＿＿＿＿＿＿
6 돈　　＿＿＿＿＿＿＿
7 절　　＿＿＿＿＿＿＿
8 만　　＿＿＿＿＿＿＿
9 육　　＿＿＿＿＿＿＿
10 쌀　　＿＿＿＿＿＿＿

B The following are Korean pronunciations of English words. Read the word in Korean and write the English word.

1 테니스 _____
2 컴퓨터 _____
3 텔레비전 _____
4 엘리베이터 _____
5 피자 _____
6 카메라 _____
7 바나나 _____
8 댄스 _____
9 치즈 _____
10 파인애플 _____

C The following are Korean names for countries which are similar to the English names. Read the country name in Korean and write the English name.

1 캐나다 _____
2 브라질 _____
3 프랑스 _____
4 스페인 _____
5 러시아 _____
6 멕시코 _____
7 베트남 _____
8 스웨덴 _____
9 덴마크 _____
10 노르웨이 _____

안녕하세요. 식사하셨어요?

Hello. Have you eaten?

In this unit you will learn how to:

✓ Use formal, informal, and polite styles

✓ Use simple past and present tenses

CEFR: Can read and understand sentences and frequently used expressions related to areas of most immediate relevance, basic personal or family info (A2); Can write about everyday aspects of environment (people, places, job) (A2).

Present		Past
먹는다	⟹	먹었다 [ate]
공부한다	⟹	공부했다 [studied]
읽는다	⟹	읽었다 [read]

Meaning and usage

Modes of address

1   In Korean, the style of formality used depends on the relationships of people involved and the formality or informality of the situation. Even very simple greetings cannot be written (or said) without paying attention to these factors. Depending on the style of formality used, verb endings can vary. The following are examples of the informal, polite, and formal styles.

지금 밥 먹어. *(I'm eating now.)*

addressing close friends (informal)

지금 밥 먹어요. *(I'm eating now.)*

addressing a senior person or acquaintance (polite informal)

지금 밥 먹습니다. *(I'm eating now.)*

addressing someone in a formal setting (formal)

The sentence endings in Korean indicate the relationships between the people involved (for instance, the writer and readers). These endings usually attach to the verb.

내일 김치 찌개 먹으러**가**.   *(Tomorrow I am going to go eat kimchi stew.)*

오늘 햄버거 먹**어요**.   *(I am going to eat a hamburger today.)*

미국 식당을 좋아**합니다**.   *(I like American restaurants.)*

Koreans talk about food to exchange greetings and make small talk. A common greeting is, 식사하셨어요? *(Have you eaten?)*

A Look at the verbs and endings. Complete the sentences with the correct form of the verb.

Formal	Polite (informal polite)	Intimate (between friends)
만납니다 *(to meet)*	만나요	만나
먹습니다 *(to eat)*	먹어요	먹어
갑니다 *(to go)*	가요	가
입니다 *(to be (is/am/are))*	이에요	이야
잡니다 *(to sleep)*	자요	자

1 밥 먹을 때 친구들이랑 자주_____?   (When you eat, do you often meet your friends?) (informal)

2 학교 가기 전에 아침 밥 꼭 _____!   (Before you go to school, make sure to eat breakfast!) (formal)

3 학생들은 쉬는 시간에 밥 먹으러 자주 _____.   (Students often go to eat during their break times.) (informal)

4 오늘 점심은 삼겹살 _____!   (Today's lunch is pork belly!) (formal)

5 아침 안먹고 매일 아침 8시까지 _____.   (I don't eat breakfast and sleep every day until 8:00 every morning.) (informal)

6 한국어 좋아하는 미국 사람 _____.   (I'm an American who likes Korean.) (formal)

How to form formal/informal endings

Different endings to verbs are created in different ways, but they always start out with the root form of the verb. The root form of to eat is 먹다. It changes like this:

Formal

The formal style is used when speaking in official roles and usually not in everyday life.

Take the root form of the verb (먹다), remove the 다 (먹), and add ㅂ니다/습니다 (depending on whether the root ends in a vowel (ㅂ니다) or consonant (습니다)): 먹습니다.

맛있다 (a shortening of *to be delicious*):

맛있다 →맛있→맛있습니다

좋아하다 *(to like)*:

좋아하다→좋아하→좋아합니다

한국 음식이 제일 맛있습니다.	*(Korean food is the most delicious.)*
저는 단 음식을 제일 좋아합니다.	*(I like sweet food the best.)*
한국 음식은 건강에 좋습니다.	*(Korean food is good for your health.)*
한국 사람은 매일 밥을 먹습니다.	*(Korean people eat rice every day.)*
저는 김치 먹을 때 항상 행복합니다.	*(When I eat kimchi, I am always happy.)*

The formal style is usually only used in formal settings, but the polite style is very common. The intimate style is typically used with family and friends of the same age or younger; even close friends who are only a year or two older are often addressed in the polite style. All of these styles apply to spoken and written Korean.

Polite

The polite style is used with people who are not familiar or with close friends or family of greater age or social superiority.

Take the root form (먹다), eliminate the 다 (먹), add 어요/아요/해요 (depending on whether the last vowel in the root form is a light vowel (아요), a dark vowel (어요), or a *to do* vowel (해요)): 먹어요.

맛있다:

맛있다→맛있→맛있어요

좋아하다:

좋아하다→좋아하→좋아해요

한국 음식이 제일 맛있어요.	*(Korean food is the most delicious.)*
저는 단 음식을 제일 좋아해요.	*(I like sweet food the best.)*
한국 음식은 건강에 좋아요.	*(Korean food is food for your health.)*
한국 사람은 매일 밥을 먹어요.	*(Korean people eat rice every day.)*
저는 김치 먹을 때 항상 행복해요.	*(When I eat kimchi, I am always happy.)*

Informal

This form is used with people of a close or intimate relationship who are of the same or lesser age, and with close family members of varying ages.

Take the root form (먹다), remove the 다 (먹), add 어/아/해 (depending on whether the last vowel in the root form is a light vowel (아), a dark vowel (어), or a *to do* vowel (해)): 먹어.

> 맛있다: 맛있다 맛있 맛있어
>
> 좋아하다: 좋아하다→좋아하→좋아해

한국 음식이 제일 맛있어.   *(Korean food is the most delicious.)*

나는 단 음식을 제일 좋아해.   *(I like sweet food the best.)*

한국 음식은 건강에 좋아.   *(Korean food is food for your health.)*

한국 사람은 매일 밥을 먹어.   *(Korean people eat rice every day.)*

나는 김치 먹을 때 항상 행복해. *(When I eat kimchi, I am always happy.)*

 In the formal use, the ending ㅂ니다 has a sound change. The ㅂ does not make its normal sound, but rather takes on the sound of ㅁ, making the ending sound more like ㅁ니다.

 B Change the verbs into formal, polite, and informal.

1 요리하다 *(to cook)*   Formal _____ Polite _____ Informal _____

2 주다 *(to give)*   Formal _____ Polite _____ Informal _____

3 주문하다 *(to order)*   Formal _____ Polite _____ Informal _____

4 식사하다   Formal _____ Polite _____ Informal _____
   (to have a meal)

5 만나다 *(to meet)*   Formal _____ Polite _____ Informal _____

6 가다 *(to go)*   Formal _____ Polite _____ Informal _____

7 있다 *(to have)*   Formal _____ Polite _____ Informal _____

 C Choose the appropriate forms to complete the sentences.

1 My name is John (addressing your boss).
   (나/저) 는 존이라고 *(해/해요)*.

2 I am a university student (addressing an older student from your college).
   (나/저) 는 대학생 *(이야/이에요)*.

3 I love spicy food (addressing a friend).
   (나/저) 는 매운 음식 정말 *(좋아해/좋아해요)*.

Meaning and usage

Pronouns

In Korean, there are two ways to say *I*. When speaking to a senior, an elder, or a stranger or acquaintance (any setting with someone who is not close), the word 저 is used as an expression of humility or deference. With juniors and intimates, the term 나 is used. The decision of whether to use 나 or 저 reveals the speaker's attitude towards the person being addressed. It is noticeable that even young Korean children can tell the difference between these forms of *I*.

저는 미국 음식 많이 좋아합니다.   (*I really like American food.*)

This sentence is written in formal style. The speaker is addressing an older person in a formal situation.

나는 한국 음식 먹었어.   (*I ate Korean food.*)

This sentence is written in informal style and we can guess that the speaker is addressing someone of either the same age or younger.

D Write the term used for *I*.

1 When addressing a superior at work   _____
2 When addressing a colleague at work   _____
3 When addressing a close classmate   _____

The Korean for you *is even more nuanced than for* I *and should be treated very carefully. Usually in Korean,* you *is not used but is replaced with a title or name, or just dropped altogether. With intimates of the same age or younger, and sometimes with subordinates, the term* 너 *can be used. Other words for* you, *like* 당신, *are used mainly in specific relationships, such as between spouses.*

Korean tenses

In Korean, the past tense is marked with -었. In many contexts, however, there is no way to distinguish between present tense and future tense. In such cases, the present and future tense distinction is conveyed only by the accompanying adverb of time.

지금 (*now*) and 내일 (*tomorrow*) are two indicators for tense.

1 The following are examples of past tense:
한국 음식 먹었어.   (*He ate Korean food.*)
Here, the 었 was added directly to the root form. For the word 맛있다, the past tense would be:
맛있다→맛있어→맛있었→맛있었어/어요/습니다
어제 저녁 밥이 정말 맛있었어요.   (*Yesterday, dinner was delicious.*)
For the word 좋아하다 (*to like*), the past tense would be:
좋아하다→좋아하→좋아했→좋아했어/어요/습니다
예전부터 매운 음식 좋아했습니다.   (*I have liked spicy food for a long time.*)

2 The future and present tenses are often the same, **and can be differentiated by context:**

지금 한국 음식 먹으러 가	*(He is going to eat Korean food now.)*
내일 한국 음식 먹으러 가	*(He is going to eat Korean food tomorrow.)*
지금 누구랑 만나?	*(Who are you meeting right now?)*
저녁에 누구랑 만나?	*(Who are you meeting this evening?)*

E Decide if the verb is past tense, present tense, or future tense. Use the context to help you.

1 나는 매일 김치를 먹어.
2 우리는 다음 주 금요일에 피자 먹어요.
3 너는 한국 음식 자주 먹었어?

4 저는 내일 아버지와 함께 식당에 가요.
5 그 사람들은 매운 음식을 좋아했어요.
6 나는 어제 스파게티 만들었어요!

In Korean, the subject is easily omitted. Often, who is doing what becomes obvious from the context.

밥 먹었어?	(Have you eaten?)
한국 음식 먹고 싶어요!	(I want to eat Korean food!)
정말 맛있네요!	(The food is really delicious!)

Honorific words

In Korean, there are honorific ways to end verbs and sentences, but there are also certain words that change to be more respectful. Some of those words have to do with food. For example:

English	Normal	Honorific/More honorific
(to eat)	먹다	드시다/잡수다
(meal)	밥	식사/진지

When asking a senior or an elder if they are hungry, it is better to say 시장하세요? than to say 배고프세요? Other words can be said in a more humble way. For example, the verb *to give* is normally 주다, but when used to a senior or an elder should be written as 드리다.

The following sentences include honorific expressions:

밥 먹었어?	*(Have you eaten?)*
식사하셨어요?	*(Have you eaten?)* (honorific)
나중에 맛있는 것 사줄게!	*(I'll buy you something delicious later!)*
나중에 맛있는 것 사드릴게요!	*(I'll buy you something delicious later!)* (honorific)

F Identify which of these sentences are appropriate for a senior or an elder.

1 a 할아버지, 빨리 먹어요!
2 a 아버님, 시장하세요?
3 a 사장님, 김치 조금 줄게요!

b 할아버지, 빨리 드세요!
b 아버님, 배 고파요?
b 사장님, 김치 조금 드릴게요!

Vocabulary

G Match the nouns with the verbs and adjectives they could naturally be used with in a sentence.

1 음식   a 즐겁다
2 남편   b 만들다
3 찌개   c 어렵다
4 여행   d 멋있다
5 양식   e 느끼하다
6 학원   f 맵다

H Complete these sentences, being mindful of style and tense.

1 나는 내년에 프랑스로 _____ 갈거야.
2 한국 음식보다 서양 음식이 조금 더 _____.
3 우리 _____ 이 한국 음식 제일 좋아해.
4 나 요리 _____ 다녔어!
5 주로 집에서 쉬지만 오늘은 _____ 가기로 했어.
6 _____ 에는 여러가지 재료가 들어가요.

I Circle the words that are connected with food.

남편   찌개   배우다   여행   느끼하다   맛있다   서양   요리하다   외식   학원

 # Reading

J Read the first page of a cooking blog which introduces the blogger and answer the question:
무슨 글인가요? 누구에게 쓴 글인가요?

> ### 블로그
>
> 여러분 안녕하세요? 시장하시죠?? 저희 쿠킹 블로그에 오신 것을 환영합니다! 저는
> 여러분께 좀 더 맛나게 요리하실 수 있는 팁들을 나눠드릴 한영진이라고 합니다 ^^
>
> 지금 현재 저희 남편이랑 애들 두 명이랑 서울에서 즐겁게 생활하고 있습니다.
>
> 요리하는 게 재미 있어서 좀 배우려고 학원도 다녀보고 온라인 강의도 많이
> 들었는데 제일 훌륭한 선생님은 바로 경험이라는 걸 아주 확실하게 느끼고 있네요.
>
> 제가 요리하면서 경험하는 그러한 교훈들을 여러분과 함께 나누면서 조금 더 나은
> 쉐프가 되는 것이 바로 제 꿈입니다.
>
> 그럼 앞으로 잘 좀 부탁 드리겠습니다 ^^

K Now continue reading and answer the following questions.

블로그

제가 좋아하는 음식부터 말씀 드려야 될 것 같네요. 저는 일단 우리 한국 음식이면 다 잘 먹습니다. 특히 찌개 종류를 다 정말 많이 좋아합니다! 만들 때도 찌개가 제일 배우기가 쉬우면서도 경험이 좀 생기면 실력 차이가 확 느껴지는 음식이어서 저처럼 요리를 취미로 하는 사람들에게 최고인 것 같아요! 저는 외식 해도 김치찌개가 넘버원입니다 ^^

서양 음식도 좋아합니다! 원래 느끼한 음식은 잘 안 먹었는데 프랑스 여행을 다녀오면서 치즈에 대한 로망이 생겨버렸네요. 아직 한식만큼은 경험이 없어서 좀 부족하기도 하지만 여러분들과 함께 배우자는 마음으로 열심히 좋은 레시피를 찾아서 만들어보겠습니다!

여러분께 제가 만드는 음식들을 하나하나 다 나눠드리고 싶은데 그러지 못해서 아쉽네요. 사진이라도 보시면서 저랑 즐거운 시간 보내시길 바랄게요!

그럼 다음에 만날 때까지~~ 안녕 :)

V			
시장하다	*to be hungry (respectful)*	훌륭하다	*to be wonderful*
환영하다	*welcome*	경험	*experience*
강의	*lecture or lesson*	교훈	*lessons or things learnt*

1 영진씨는 무슨 음식을 좋아합니까?

_____

2 좋아하는 이유는 무엇입니까?

_____

3 어디로 여행을 다녀왔다고 했습니까?

_____

4 여행을 다녀오면서 무슨 음식을 좋아하게 되었습니까?

_____

5 영진씨는 무엇이 아쉽다고 했습니까?

_____

6 이 블로그의 목적은 무엇이라고 생각합니까?

_____

# Writing

L Write a paragraph introducing yourself on your food blog homepage

Include the following in Korean. Choose an audience and use styles of formality accordingly.
(Write 80–100 words)

▶ 자신이 좋아하는 음식에 대해 설명해 보세요.

▶ 자신이 최근에 만든 음식에 대해 이야기해 보세요.

▶ 자기 소개를 간단하게 해 보세요.

_____

_____

_____

_____

_____

_____

_____

_____

_____

Self-check

Tick the box which matches your level of confidence.

1 = very confident   2 = need more practice   3 = not confident

자신이 다음과 같은 부분들을 얼마나 잘 이해하고 있는지 확인하고 표시하세요.

1 = 잘 이해하고 있음   2 = 연습이 더 필요함   3 = 이해하지 못함

	1	2	3
Use formal, informal, and polite styles.			
Use simple past and present tenses.			
Can read and understand sentences and frequently used expressions related to areas of most immediate relevance, basic personal or family info (CEFR A2).			
Can write about everyday aspects of environment (people, places, job) (CEFR A2).			

2 나는 매일 커피를 마셔요
I drink coffee every day

In this unit you will learn how to:

- ✔ Use the present tense
- ✔ Use the particles 을, 를, 에/에서
- ✔ Use time expressions

CEFR: Can understand texts that consist mainly of high frequency everyday or job-related language (B1); Can write a short text describing daily routines (A2).

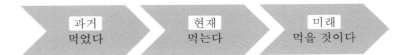

| 과거 먹었다 | 현재 먹는다 | 미래 먹을 것이다 |

Meaning and usage

The present tense

The -는다 form in Korean is the present tense. When a verb stem (the root form of the verb without the 다 attached) ends with a consonant, -는다 is attached (먹는다). When a verb ends with a vowel, -ㄴ다 is attached (본다).

A Make these verbs present tense:

1 하다 _____
2 가다 _____
3 주다 _____
4 받다 _____
5 읽다 _____
6 오다 _____

1 While -는다 forms the present tense, it is not acceptable to use in every situation because of formality differences. It is generally used in informal writing, where the audience is not necessarily determined or known.

나는 한국어를 공부한다.
(I study Korean.)
그 사람은 책을 읽는다.
(That person reads books.)

2 The present tense can be used to talk about daily routines.

나는 아침마다 커피를 마신다.

(I drink coffee every morning.)

나는 매일 1시간동안 공원에서 운동을 한다.

(I do exercises every day for an hour in the park.)

3 The present tense form can be used to describe actions in the future.

우리 언니는 내년에 대학에 간다.

(My sister will go to university next year.)

이번 주말에 우리 가족은 제주도에 간다.

(This weekend our family will go to Jeju Island.)

Verbs in -는다 form			
잔다	*sleep*	읽는다	*read*
먹는다	*eat*	쉰다	*rest*
간다	*go*	마신다	*drink*
온다	*come*	부른다	*call, sing*
운다	*cry*	쓴다	*write*
웃는다	*laugh*	듣는다	*listen*
공부한다	*study*	본다	*see, watch*

Most verbs in Korean actually share the same ending: 하다. *On its own,* 하다 *means* to do. *When it is added to a noun to form a verb, it can be understood as* doing that noun.

공부하다 to study   노래하다 to sing   이해하다 to understand

Sometimes the word is added to foreign loan words, such as 테니스 *or* 컴퓨터.

테니스 하다 to play tennis   컴퓨터 하다 to use a computer

There are many verbs in Korean which do not include this ending, but it is by far the most common kind of verb.

Meaning and usage

Particles -에 and -에서

The particle 을/를 marks the object of a sentence. When it is attached to a word that ends with a vowel (e.g. 커피, *coffee*), -를 is used, but when it is attached to a word that ends in a consonant (e.g. 운동, *exercise*), -을 is used.

The particle -에 is attached to 대학 (*university*) and 제주도 (*Jeju Island*). This particle is a location particle and is attached to the place. It appears with movement verbs such as 가다 *to go* and 오다 *to come*, and means *to*.

The particle -에 is attached to time expressions or place nouns to describe movement towards them or express the time at which something happens. On the other hand, -에서 is often translated as *from* or *in/on/at* when activity verbs follow. Importantly, other than -가다 (*to go*)/-오다(*to come*) verbs, most activity verbs appear with -에서, not with -에.

7시**에** 일어난다.

9시**에** 학교에 간다.

9시**에서** 5시까지 직장**에서** 일한다.

집**에서** 친구하고 영화를 본다.

B Complete the sentences with 에 **and** 에서.

1 편의점(에, 에서) 도시락을 산다 _____
2 은행(에, 에서) 돈을 뺀다 _____
3 학교(에, 에서) 공부를 한다 _____
4 서점(에, 에서) 간다 _____
5 친구 집(에, 에서) 놀러간다 _____
6 도서관(에, 에서) 책을 읽으러 간다 _____
7 외국(에, 에서) 관광을 온다 _____
8 박물관(에, 에서) 그림을 본다 _____

C Complete the sentences using the vocabulary in the box. Choose the right particle.

| 친구 이메일 콜라 드라마 도서관 책 |

1 _____ (을/를/에/에서) 마신다
2 _____ (을/를/에/에서) 공부한다
3 _____ (을/를/에/에서) 본다
4 _____ (을/를/에/에서) 쓴다
5 _____ (을/를/에/에서) 간다
6 _____ (을/를/에/에서) 만난다

D Mark the sentences with an × if the incorrect particle is used or a √ if the correct particle is used. If incorrect, write the correct particle.

1 나는 노래를 부른다 ☐
2 그 사람은 편지에 보낸다 ☐
3 매일 저녁에 일기을 쓴다 ☐
4 우리가 밥에서 먹는다 ☐
5 나는 한국어에 공부한다 ☐
6 그는 집에서 간다 ☐

Often, the object marker (을/를) is shortened. Instead of 나를, *for instance, a person may write* 날. *The marker becomes a single* ㄹ *at the end of the syllable. If the noun ends in a* ㅅ, *the* ㅅ *will sometimes be replaced with a* ㄹ. *For example,* 것을 *becomes* 걸.

The particle 에 in time expressions

-에 can be attached to days of the week (e.g. Sunday (일요일에)) or dates (*13th May* (*5월 13일에*)), years (e.g. *2020* (*2020년에*)) and times (e.g. *2 o'clock* (*2시에*)). It is not attached to *now*, *today* or *every day*, *weeks*, or *years*.

E Complete the sentences with -에 or *X* (no particle).

1 아침 ___ 커피를 두 잔 마신다
2 오늘 ___ 드디어 학교에 간다
3 2시 ___ 친구를 만난다
4 내년 ___ 한국에 간다
5 저녁 ___ 비빔밥을 요리한다
6 이따가 ___ 엄마한테 전화한다
7 토요일 ___ 쇼핑을 간다
8 수요일 2시 ___ 학교 미팅을 한다

-을/를 *marks the object of the sentence (을 is used when the word ends with a vowel and 를 is used when the word ends with a consonant).*

-에 *means at, on, in or to – it is used with time expressions and movement verbs.*

-에서 *means at, on, in and from – it is used with activity verbs.*

-와/과 *means together.*

-까지 *means to or until.*

F Complete the sentences with the particles from the box or X (no particle).

-을 -를 -에 -에서 -와/과 -까지

1 나는 점심___ 샌드위치___ 먹는다.
2 유나는 도서관___ 전공책___ 읽는다.
3 토요일___ 학교___ 콘서트___ 한다.
4 2시___ 6시___ 편의점___ 아르바이트___ 한다
5 오늘___ 친구___영화관___ 영화___ 본다.
6 저녁___ 동생___ 불닭볶음면___만든다.

-ㄹ래요?

When asking if someone wants to do something, -ㄹ래요 is used. The informal form is -ㄹ래, and the formal is -ㄹ래요. Before attaching -ㄹ래 to the verb, the 다 must first be removed from the root form. Often 같이 (*together*) is used with this structure.

밥 먹으러 가요?   (*Are you going to eat some food?*)

밥 먹으러 갈래요?   (*Do you want to go and eat some food?*)

밥 먹으러 같이 갈래요?   (*Do you want to go and eat some food together?*)

G Complete the invitations with the appropriate noun and verb form.

To a friend
1 같이 영화 _____? (보다)

To a senior
2 같이_____? (공부하다)

To a friend
3 같이 쇼핑_____? (하다)

To a senior
4 같이 밥 _____? (먹다)

To a stranger
5 학교 같이 _____ ? (가다)

To your friend's parent
6 저녁 같이 _____? (만들다)

Vocabulary

Expressions of frequency

The present tense is often used with expressions which indicate how often actions take place.

항상	*always*
자주	*frequently*
매일	*every day*
매주	*every week*
가끔	*sometimes*
별로	*not very often*
전혀	*never, not at all*

 Some expressions of frequency, like 별로 and 전혀, appear only with negative verbs. For instance, 별로 좋아하지 않아요 means I don't really like and 전혀 먹지 않아요 means I really don't eat. In English, these pairings may feel like a double negative, but this is always how they appear in Korean.

H Complete the sentences with the appropriate frequency expression.

> 항상   자주   매일   매주   가끔   별로   전혀

1 저는 _____ 집에서 점심을 먹어서 가까운 식당들 다 몰라요.
2 지나는 _____친구하고 햄버거를 먹고 다른 것은 가끔만 먹어요.
3 마리아는 _____ 도서관에 가지만 보통 집에서 공부해요.
4 지호는 책만 보고_____TV를 안봐요.
5 엄마는 월요일부터 일요일까지 _____ 아침을 만들어요.
6 저는 _____커피를 안 마셔서 마실 때 잠이 다 깨져요.
7 아빠는 _____ 토요일에 산에 가요.

I Find the odd one out.

1	도서관	학교	집	가다	
2	아침	점심	저녁	학교	
3	간다	온다	먹는다	읽는다	매일
4	오늘	내일	친구	내년	저녁
5	월요일	수요일	목요일	운동	토요일
6	항상	매일	도서관	자주	가끔

 # Reading

J Read the opinion article about coffee consumption in South Korea and answer the question:

영국 사람과 한국 사람은 커피를 주로 어디서 마시나요?

_____

나는 한국인들이 커피를 정말 좋아한다고 생각한다. 나는 영국 사람인데 영국에서도 커피를 많이 마신다.
우리는 주로 일하다가 휴식 시간에 커피를 마시러 간다. 집이나 회사에서도 우리는 커피를 만들어 마신다.
그렇지만, 한국 사람들은 주로 카페에 가서 마시는 것 같다. 예전에는 한국 사람들이 인스턴트 커피를 많이 마셨지만, 지금은 영국 사람들처럼, 인스턴트 커피보다는 드립 커피를 많이 마신다. 한국의 카페에는 영국보다 다양한 커피가 있다. 학생들은 카페에서 커피도 마시고 공부도 한다. 특히 시험 기간에는 많은 학생들이 카페에서 시험 공부를 한다. 그래서, 시험 기간에는 카페에 자리 잡기가 어렵다.

길거리에 사람이 많을 때는 카페에 자리가 없을 것이 거의 확실하다. 특히 대학 근처에 있는 카페에는 자리가 많이 없을 가능성이 높다. 대부분의 한국 카페는 여러 층이 있다. 친구랑 같이 카페에 가면 같이 앉을 자리가 없을 수도 있지만 혼자 가면 사람이 많아도 자리를 찾을 수 있을 때가 많다. 영국이나 미국의 카페는 한국 처럼 사람이 많지 않다.

K Read the rest of the article and answer the questions.

영국에 있을 때는 잠을 깨기 위해서 커피를 마셨다. 한국에 와서는 사람들과 사귀려고 마시는 것 같다. 커피를 좋아하는 건지 아니면 카페를 좋아하는 건지 잘 모른다. 무슨 미팅이든 다 카페에서 하는 것 같다. 데이트도 카페에서 하고, 친구 만날 때도 카페에서 만난다. 카페에서 만나다 보니까 커피를 계속 마실 수밖에 없다. 커피를 안 좋아하는 사람들은 어떻게 하는지 모르겠다. 아마 쥬스나 다른 차를 마시겠지만, 대부분 사람들은 커피를 즐겨 마신다. 커피를 안 좋아해도 카페에서 사람 만날 일이 많으니 카페 메뉴 중에 좋아하는 음료를 찾아야 할 것이다. 한국인들이 커피를 말할 때 쓰는 단어가 재미 있다. 저번에 아는 친구가 나한테 "아아, 뜨아, 아바라" 라는 말 가르쳐줬다. 아아는 아이스 아메리카노라는 뜻이다. 뜨아는 뜨거운 아메리카노라는 뜻이다. 아바라는 아이스 바닐라 라떼라는 뜻이다. 이런 말이 있다는 게 너무 신기했다. 나이 많은 사람들은 이런 말을 모를 수도 있다. 젊은 사람들이 특히 카페에 많이 가는 것 같다. 역시 한국의 커피 문화는 정말 재미있다.

휴식	break	시험 기간	testing season
인스턴트 커피	instant coffee	자리	place to sit
드립 커피	drip coffee	음료	beverage
다양하다	various		

1 한국 사람들이 커피를 좋아하는 것에 대해 무엇이 궁금하다고 하나요?

_____

2 카페에서 주로 무엇을 한다고 하나요?

_____

3 어떤 커피 이름이 재미 있다고 하나요?

_____

4 커피 이름이 무슨 뜻이라고 설명하나요?

_____

Writing

L Write about the daily schedules of people in your own country. Include the following. (Write 80–100 words)

▶ 사람들이 보통 아침, 점심, 그리고 저녁 시간에 무엇을 하는지 써보세요.

▶ 사람들이 주로 무엇을 먹는지 써보세요.

_____

_____

_____

_____

_____

_____

_____

_____

_____

Self-check

Tick the box which matches your level of confidence.

    1 = very confident   2 = need more practice   3 = not confident

자신이 다음과 같은 부분들을 얼마나 잘 이해하고 있는지 확인하고 표시하세요.

    1 = 잘 이해하고 있음   2 = 연습이 더 필요함   3 = 이해하지 못함

	1	2	3
Use the present tense.			
Use the particles 을, 를, 에/에서.			
Use time expressions.			
Can understand texts that consist mainly of high frequency everyday or job-related language (CEFR B1).			
Can write a short text describing daily routines (CEFR A2).			

3 우리 가족은 대가족이에요
I have a big family

In this unit you will learn how to:

- ✅ Use possessives
- ✅ Use numbers
- ✅ Use the (present) progressive
- ✅ Use family vocabulary

CEFR: Can understand sentences and frequently used expressions related to areas of most immediate relevance (basic personal or family info, shopping, local geography, employment) (A2); Can describe in simple terms aspects of his or her background, immediate environment and matters in areas of immediate need (A2).

하나	둘	셋	넷	다섯	여섯	일곱	여덟	아홉	열
일	이	삼	사	오	육	칠	팔	구	십
1	2	3	4	5	6	7	8	9	10

Meaning and usage

The possessive particle 의

1 The possessive particle is attached to nouns to show ownership or possession. English uses the possessive 's in the same way. As in English, the possessive suffix (의) is attached to the noun which is the owner or possessor.

나는 어머니**의** 식당에 갈 거야   *(I'm going to Mother's restaurant.)*
아버지**의** 커피 맛이 조금 달다   *(Father's coffee tastes a bit sweet.)*
할아버지**의** 차는 크다   *(Grandfather's car is big.)*

A Circle the word where the possessive particle (의) should be added.

1   남편 갈색 신발   (the husband's brown shoes)
2   장남 학교   (the eldest son's school)
3   아내 긴 드레스   (the wife's long dress)
4   막내 딸 친구   (the youngest daughter's friend)
5   할머니 집   (the grandmother's house)
6   형 자동차   (the older brother's car)

2 The possessive is not exclusive to words that end in 's in English. There are also possessive pronouns: *my/our/his/her/their*. In Korean, pronouns are often omitted when they can be assumed by context.

 B Choose the unnecessary possessive compound.

1 나는 마리아의 어머니의 식당에 갈 거야. (I'm going to Maria's mother's restaurant.)
2 나의 아버지의 커피 맛이 조금 쓰다. (My father's coffee tastes a bit bitter.)
3 미나의 할아버지의 차는 크다. (Mina's grandfather's car is big.)
4 마크의 형의 선생님은 좋다. (Mark's older brother's school's teachers are good.)
5 우리의 엄마의 친구가 친절하다. (Our mum's friend is kind.)
6 가수의 동생의 목소리도 예쁘다. (The singer's younger sibling's voice is also pretty.)

How to form possessive pronouns

To form possessive pronouns in Korean, the personal pronoun has the suffix (의) attached.

나 *(I/me)*:

나 + 의　　　→　　　나의 *(my)*

저 *(I/me)*:

저 + 의　　　→　　　저의 *(my)*

우리 *(we/us)*:

우리 + 의　　　→　　　우리의 *(our)*

너 *(you)*:

너 + 의　　　→　　　너의 *(your)*

그녀 *(she)*:

그녀 + 의　　　→　　　그녀의 *(her)*

그들 *(they)*:

그들 + 의　　　→　　　그들의 *(their)*

Some pronouns can be shortened even further and have to be memorized:

나 *(I/me)*:

나 + 의　　→　　나의 *(my)*　　→　　내 *(my)*

저 *(I/me)*:

저 + 의　　→　　저의 *(my)*　　→　　제 *(my)*

너 *(you)*:

너 + 의　　→　　너의 *(your)*　　→　　네, sometimes spelt as 니 *(your)*

C Decide if the possessives in the sentences can be abbreviated or not.

1 너의 여동생은 진짜 재밌다. (Your younger sister is really funny.)
2 그녀의 언니는 예쁘다. (Her older sister is pretty.)
3 나의 오빠는 매운 음식을 완전 좋아해! (My older brother loves spicy food!)
4 그들의 부모는 친절해. (Their parents are kind.)
5 나의 사촌들은 아주 먼 교외에 살아. (My cousins live in the distant suburbs.)
6 우리의 집은 조금 멀어요. (Our house is a little far away.)

우리 *is a word that you will come across very often in Korean. Although its direct translation is* our, *it can also mean* my. *For example, when a Korean person refers to their wife as* 우리 아내 *or to their husband as* 우리 남편, *they mean* my wife *or* my husband. *Some have said this reflects a cultural value of community – the wife or husband belongs to the family as a whole, instead of just to the individual.*

D Rewrite these sentences using the possessive particle 의 and/or a possessive pronoun.

1 My cousin's bag is full of books.
(저) 사촌의 가방은 책으로 꽉 찼어요. _____

2 Your older brother plays the piano wonderfully.
(너) 형이 피아노 너무 잘 쳐. _____

3 Her aunt's house is near the mountain.
(그녀) 이모 집은 산과 가까워요. _____

4 My younger siblings are still in middle school.
(우리) 동생들은 아직 중학생이에요. _____

5 My uncle's business is doing well.
(삼촌) 사업이 잘 되고 있어요. _____

6 Your younger sibling is intelligent.
(너) 동생은 똑똑해요. _____

There are different ways of addressing certain family members depending on the. If a male is talking about his older brother, he uses the term 형 *(older brother). If a female is talking about her older brother, she uses the term* 오빠 *(older brother). If a male is talking about his older sister, he uses the term* 누나 *(older sister). If a female is talking about her older sister, she uses the term* 언니 *(older sister). These terms have extended beyond to family members and can be used to address older males/females with whom a person is close. For a biological sibling, one uses the term* 친 *before the noun. There are also special words used for one's paternal grandparents and one's maternal grandparents. Paternal grandparents are referred to as* 친할아버지 *(paternal grandfather) and* 친할머니 *(paternal grandmother), while maternal grandparents are* 외할아버지 *(maternal grandfather) and* 외할머니 *(maternal grandmother).*

나 어제 형이랑 이야기했어. *Yesterday, I spoke with my older brother (someone who I have a close relationship with, who is older and may / may not be my biological sibling).*

나 어제 친형이랑 이야기했어. *Yesterday, I spoke with my older brother (my biological older brother).*

Meaning and usage

Numbers

1 In Korean, there are two number systems: Sino-Korean and native Korean. These two systems are used in different situations. Koreans also use the Arabic numbers 1, 2, 3, etc. in writing.

Sino-Korean	Native Korean
일 (one)	하나
이 (two)	둘
삼 (three)	셋
사 (four)	넷
오 (five)	다섯
육 (six)	여섯
칠 (seven)	일곱
팔 (eight)	여덟
구 (nine)	아홉
십 (ten)	열

 Native Korean does not have a term for zero so Koreans typically use the Sino-Korean number: 영 (zero).

2 The Sino-Korean number system is used in the following situations: when talking about money, when measuring, when doing maths, when saying phone numbers, naming dates (there is no equivalent for the English *st*, *rd*, and *th* that are added to numbers, just the number is used instead) and when telling time (other than hour values).

 When saying a phone number, use 공 instead of 영 for zero.

Here are some examples of where Sino-Korean numbers will be used:

제 친오빠의 전화 번호는 **공일공 – 삼사오육-오삼사이** 입니다.
*(My brother's phone number is **010-3456-5342**.)*

그녀의 조부모는 **십** 분 안에 도착할 거예요. *(Her grandparents will arrive in **10** minutes.)*

그의 어머니의 생일은 **칠월 칠일**이에요. *(His mother's birthday is on **July 7**.)*

To form Sino-Korean numbers that are greater than 10, numbers are combined:

이 *(2)* 십 *(10)* 이 *(2)*   →   이십 이 *(22)*   *(2 × 10 + 2)*

천 *(1000)* 구 *(9)* 백 *(100)*   →   천구백 *(1900)*   *(1000 + 9 × 100)*

Since Sino-Korean numbers are used in all contexts for particularly large values, the following numbers are also important to learn: 만 *(ten thousand)*, 십만 *(one hundred thousand)*, 백만 *(one million)* and 천만 *(ten million)*, 억 *(one hundred million)*.

Here are some example sentences formed by combining numbers:

우리 누나는 삼십오 분 전에 떠났어요.

(My older sister left thirty five minutes ago.)

내가 형한테 육천오백 원 받았어요.

(I received six thousand, five hundred won from my older brother.)

우리 엄마랑 이모가 저번 달에 칠십만 원이나 아낄 수 있었어요.

(My mother and aunt managed to save seven hundred thousand won last month.)

E **Complete the sentences with the underlined number written in full.**

1 우리 엄마 새 차는＿＿＿＿＿＿원이었어요.
   (My mother's new car cost <u>two hundred and ninety million</u> won.)
2 내가 사촌이랑 본 영화는 ＿＿＿＿＿＿분 길이였어요.
   (The film I watched with my cousin lasted <u>one hundred and fifty two</u> minutes.)
3 형의 레시피에 물을 ＿＿＿＿＿＿밀리 넣으라고 나왔어요.
   (My older brother's recipe said to add <u>eight hundred and fifteen</u> millilitres of water.)
4 집에서 학교까지 ＿＿＿＿＿＿킬로미터예요.
   (It is <u>thirty three</u> kilometres from home to the school.)
5 어제 운동을 ＿＿＿＿＿＿분 동안 했어요.
   (Yesterday I exercised for <u>fifty seven</u> minutes.)
6 내가 사고 싶은 스마트폰은 ＿＿＿＿＿＿번째 모델이야.
   (The smart phone I want to buy is the <u>twenty seventh</u> model.)

3 The native Korean number system is used in the following situations: when counting people/objects/actions, when telling time (in hours) or talking about duration of time in hours and months, and in saying ages. When telling the time, native Korean numbers are used for the hour and Sino-Korean numbers for the minutes.

Here are some example sentences using the native Korean number system:

우리 가족은 **네** 명이에요.   *(There are **four** people in my family.)*
우리 누나는 강아지 **세** 마리가 있어요.   *(My older sister has **three** puppies.)*
우리 삼촌은 양말 **일곱** 켤레 있어요.   *(My uncle has **seven** pairs of socks.)*
우리 여동생은 그 영화를 **다섯** 번 봤어요.   *(My younger sister saw that film **five** times.)*
그녀의 남동생은 **스물여섯** 살이에요.   *(Her younger brother is **twenty six** years old.)*
지금 오후 **두** 시 삼십 분이에요.   *(It is now **two** thirty.)*
버스로 **아홉** 시간이 걸려요.   *(It takes **nine** hours by bus.)*
마리아의 동생은 **여섯** 살이에요.   *(Maria's younger sibling is **six** years old.)*

It is not uncommon to use the Sino-Korean numbers instead of the native Korean numbers above the age of thirty. The older the age, the more likely you will come across the Sino-Korean number instead of the pure Korean number. For example, the following sentence will sometimes be expressed in both of these ways:

나의 삼촌의 친구는 **일흔두** 살입니다.　　　　*(My uncle's friend is 72 years old.)*

나의 삼촌의 친구는 **칠십이**살입니다.　　　　*(My uncle's friend is 72 years old.)*

 To indicate the time is before noon, you use the word 오전 (am), *whereas for times after noon, you use* 오후 (pm). *For example,* 11 am *would be* 오전 열한 시 *and* 11 pm *would be* 오후 열한 시.

For example: 이모의 기차는 오전 다섯 시 사십이 분에 도착합니다. (Aunt's train arrives at 5:42 am.)

F　Answer the questions using the information in brackets.

1 아빠, 몇 시에 일하러 가세요**?** (Dad, what time do you go to work?)

＿＿＿＿＿＿＿＿＿＿＿＿＿＿＿＿＿＿＿＿＿＿＿ *(At 7:20 am)*

2 엄마, 몇 시에 주무세요**?** (Mum, what time do you go to bed?)

＿＿＿＿＿＿＿＿＿＿＿＿＿＿＿＿＿＿＿＿＿＿＿ *(At 11:15 pm)*

3 남동생! 학교 끝나는 시간이 언제야**?** (Little brother! What time does school end?)

＿＿＿＿＿＿＿＿＿＿＿＿＿＿＿＿＿＿＿＿＿＿＿ *(At 4:35 pm)*

4 할아버지, 몇 시에 오세요**?** (Grandpa, what time are you coming?)

＿＿＿＿＿＿＿＿＿＿＿＿＿＿＿＿＿＿＿＿＿＿＿ *(At 2:37 pm)*

5 할머니, 몇 시에 식사하세요**?** (Grandma, what time are you eating?)

＿＿＿＿＿＿＿＿＿＿＿＿＿＿＿＿＿＿＿＿＿＿＿ *(At 11:18 am)*

6 여동생, 출근하는 시간이 언제야**?** (Little sister, what time do you go to work?)

＿＿＿＿＿＿＿＿＿＿＿＿＿＿＿＿＿＿＿＿＿＿＿ *(At 9:12 am)*

G　Identify which number system(s) to use in these situations:

1 Telling your friend how many pets you have. ＿＿＿＿＿＿＿＿＿＿＿

2 Answering your father when he asks for the time. ＿＿＿＿＿＿＿＿＿＿

3 Telling your mother how much longer the rice will take to cook. ＿＿＿＿＿＿＿＿＿＿

4 Counting the number of books your family has. ＿＿＿＿＿＿＿＿＿＿

5 Saying your cousin's phone number. ＿＿＿＿＿＿＿＿＿＿

6 Giving your name and age. ＿＿＿＿＿＿＿＿＿＿

H Answer the questions using the information given in brackets.

1 할머니는 언제 태어나셨어요? (When was grandmother born?)
_____ (July 21, 1940)

2 형제가 몇 명이에요? (How many siblings do you have?)
_____ (3)

3 동생아! 이 곱하기 사는 뭐야? (Hey little sibling! What is 2 multiplied by 4?)
_____ (8)

4 진우 삼촌은 몇 살이에요? (How old is Uncle Jinwu?)
_____ (55 years old)

5 미나 이모 전화 번호 어떻게 돼요? (What is Aunt Mina's phone number?)
_____ (987–654)

6 유나가 언제 졸업해요? (When does Yuna graduate?)
_____ (April 4, 2026)

Meaning and usage

The progressive

1 In Korean, the present progressive is marked with 고 있다. This form is used when describing an action or event as it is currently happening.

우리 아버지는 쉬고 **있어요.** (Father **is resting.**)
우리 어머니는 사과를 **자르고 있어요.** (Mother **is cutting** an apple.)
우리 누나는 음악을 **듣고 있어요.** (My older sister **is listening to** music.)

> The particle 고 있다 can be used in the past and future tenses to stress that something/someone was or will be doing something.
>
> **어제 먹고 있었어요.** (I was eating yesterday.)
> **내일 공부하고 있을 거예요.** (I will be studying tomorrow.)

How to form the progressive

To form the present progressive take the root form of the verb, remove the 다, add the marker 고 있다, and conjugate with the appropriate verb ending depending on the level of formality.

For example, to make the verb 자다 (to sleep) into the present progressive:

자다→자 + 고 있다→자 고 있 + 습니다→자고 있습니다

(Formal)

자다→자 + 고 있다→자 +고 있 + 어요   →자고 있어요

(Polite)

자다→자 + 고 있다→자 + 고 있 + 어→자고 있어

(Informal)

I Tick each sentence that uses the progressive.

1 형은 쉬고 있어요. ☐
2 아이들은 영화를 보고 있습니다. ☐
3 우리 언니는 부산에 살아요. ☐
4 우리 엄마가 저녁 만들고 있어. ☐
5 우리 오빠는 학교에 갈거야. ☐
6 저의 친구는 방에서 책을 보고 있어요. ☐

Vocabulary

J Match the two halves of the Korean sentence.

1 우리 가족은
2 우리 할아버지는 손자 중에
3 우리 형이 최근에 결혼한 아내가
4 외할아버지는 우리 엄마
5 친척들이 많아서
6 내 친구의 남편은

a 의 아버지입니다.
b 여섯 명입니다.
c 다 모이면 이름들이 헷갈려요.
d 나를 제일 좋아해요.
e 정말 예쁜 사람이야.
f 나랑 나이가 똑같아.

K Complete with the appropriate words.

딸	손자	부모님	여동생	남동생	아들

1 내 ____은 다섯 살이에요. (My **daughter** is 5 years old.)
2 정 선생님은 ____가 없어요. (Teacher Jeong has no **grandsons**.)
3 미나의 ____은 한국에 계세요. (Mina's **parents** are in Korea.)
4 내 ____은 1학년이에요. (My **younger sister** is in year 1.)
5 ____은 키가 몇이에요? (How tall is your **younger brother**?)
6 정 선생님은 ____ 이 세 명 있어요. (Teacher Jeong has 3 **sons**.)

L Circle the words that are related to family.

1 어렵다   시어머니   조카딸   행복   아름답다
2 귀엽다   시아버지   잘생기다   장모님   열둘   작은누나
3 장인   칠십   똑똑하다   시월   사돈   큰누나   조카

Reading

M Read the magazine article, where a celebrity introduces his family, and answer the question: 배우가 몇 살이라고 나오나요? _____

안녕하세요! 저는 스물일곱 살 영화 배우 혜진입니다! 지금 서울에 있는 아파트에서 혼자 살면서

강아지 두 마리를 키우고 있어요. 강아지 이름은 보미와 가을이에요. 지금은 자고 있어요! 오늘 기사에서

자세하게 가족 소개를 해드리려고 해요.

N Continue reading and answer the questions.

우리 가족은 대가족입니다. 저희 여동생인 수진이는 고등학교 3학년이고 음악을 정말 좋아합니다. 부산에서 우리 어머니와 외할아버지 외할머니와 함께 살고 있어요. 외할머니와 외할아버지는 거기서 농사를 짓고 있습니다. 저희 아버지는

런던에서 회사에 다니고 있습니다. 남동생인 지훈이는 스물여섯 살이고 초등학교 선생님으로 일하고 있어요. 키가 크고 아주 친절한 사람이에요. 저희 언니 이름은 유진이에요. 재능이 많고 아주 똑똑한 의사입니다. 독서를 너무나 좋아합니다.

방에 책이 이백오십 권이나 있습니다. 저희 오빠 이름은 정훈이고 오빠는 서른한 살입니다. 작년 봄에 결혼했어요. 결혼식에서 수진이가 노래를 했는데 목소리가 너무 좋아서 우리 삼촌이 울었어요! 앞으로 저는 조카들한테 아주 좋은 이모가 돼 주고 싶습니다.

1 여동생은 어디에 사나요?

_____

2 외할아버지와 외할머니는 무슨 일을 하시나요?

_____

3 현재 아버지는 어디에서 일하시나요?

_____

4 남동생 직업은 무엇인가요?

_____

5 지금 언니는 책을 몇 권 가지고 있나요?

_____

6 결혼식에서 누가 울었나요?

_____

V	
강아지	small dog or puppy
마리	measure word for animals
키우다	to raise
대가족	big family
농사를 짓다	to farm
독서	reading books

 # Writing

O Imagine that you are a celebrity. Write a magazine article introducing your family. Include the following. (Write 80–100 words)

▶ 가족들의 외모에 대해 써보세요.

▶ 가족들의 성격에 대해 써보세요.

▶ 가족들의 직업에 대해 써보세요.

_____

_____

_____

_____

_____

_____

_____

_____

_____

Self-check

Tick the box which matches your level of confidence.

1 = very confident   2 = need more practice   3 = not confident

자신이 다음과 같은 부분들을 얼마나 잘 이해하고 있는지 확인하고 표시하세요.

1 = 잘 이해하고 있음   2 = 연습이 더 필요함   3 = 이해하지 못함

	1	2	3
Use possessives.			
Use numbers.			
Use the (present) progressive.			
Use family vocabulary.			
Can understand sentences and frequently used expressions related to areas of most immediate relevance (basic personal or family info, shopping, local geography, employment) (CEFR A2).			
Can describe in simple terms aspects of his or her background, immediate environment and matters in areas of immediate need (CEFR A2).			

4 무엇을 살 거예요?
What are you going to buy?

In this unit you will learn how to:

✅ Use the future tense

✅ Express wants and desires

✅ Ask *wh-* questions

CEFR: Can understand sentences and frequently used expressions related to areas of most immediate relevance (basic personal or family info, shopping, local geography, employment) (A2); Can write about personal preferences related to clothes and shopping (B1).

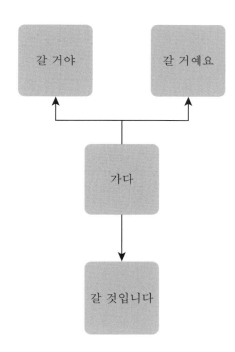

Meaning and usage

The future tense

1 The future tense expresses a plan or an intention to do something at a later time. In Korean, the future tense is used the same way that *will* or *is going to* are used in English.

내일 핸드폰을 살 거예요.	*(Tomorrow I will buy a mobile phone.)*
오늘 밤에 파티에 갈 거예요.	*(Tonight I am going to go to a party.)*
날씨가 추워서 외투를 입을 거예요.	*(The weather is cold, so I will wear a coat.)*

How to form the future tense

The future tense is formed using the verb stem and adding the future tense ending -을/ㄹ 것이다, which can also be changed depending on the level of formality.

If a verb stem ends in a consonant, -을 is added to the end of the verb stem (먹을 것이다). If the verb stem ends in a vowel, -ㄹ is added to the verb stem after the vowel (갈 것이다). If the verb stem already ends in -ㄹ, then the verb stem does not change and only -것이다 is added (볼 것이다).

The future tense -을/ㄹ 것이다 is then conjugated into the appropriate level of formality, as shown in the table below:

Root form	Future (informal)	Future (polite informal)	Future (formal)
가다	갈 거야	갈 거예요	갈 겁니다
오다	올 거야	올 거예요	올 것입니다
사다	살 거야	살 거예요	살 것입니다
입다	입을 거야	입을 거예요	입을 것입니다
찾다	찾을 거야	찾을 거예요	찾을 것입니다
팔다	팔 거야	팔 거예요	팔 것입니다

A Look at the table. Change these sentences from the present tense to the future tense. Match the formality level with the one in the sentence.

Present: 저녁에 샌드위치를 먹어.

Future: (1)_____

Present: 주말에 영화를 봐요.

Future: (2)_____

Present: 백화점에 갈 때 지하철을 탑니다.

Future: (3)_____

Present: 학교가 끝난 후에 친구랑 놀아.

Future: (4)_____

Present: 월요일에 팀 미팅 있습니다.

Future: (5)_____

Present: 오늘 친구와 점심 먹어요.

Future: (6)_____

Meaning and usage

Future decision tense

1 Sometimes a different future tense is used in specific contexts. When a decision or a commitment is made at the time of speaking, instead of -을/ㄹ 것이다, the form -겠다 is used. For instance, if asked who will go and buy coffees for the office, we use the -겠다 form to mean *I will go* instead of the -을/ㄹ 것이다 form.

제가 커피를 사러 가겠습니다.   *(I will go and buy the coffee.)*
내일까지 꼭 연락을 드리겠습니다.   *(I will be sure to contact you by tomorrow.)*
필요한 것이 있으면 알려드리겠습니다.   *(If I need something I will inform you.)*

2 This form is also the one that is used when asking someone to do something. To ask, *Are you going to the shop tomorrow?*, we use the -을/ㄹ 것이다 form (내일 마트에 갈 것입니까?). To ask the person to go to the shop tomorrow, as in *Will you go to the shop tomorrow?*, we use the -겠다 form (내일 마트에 가겠습니까?). This is because we are asking for a decision or a commitment to be made.

내일 전에 메일을 보내주겠습니까?   *(Will you send me the email before tomorrow?)*
어려우면 얘기해 주시겠습니까?   *(If it's difficult will you let me know?)*
오늘 저녁을 사겠습니까?   *(Will you buy dinner tonight?)*

3 This form is also used when remarking on something you think may be the case for someone else. For instance, to say, *You must be so busy*, a person would use the -겠다 form (진짜 바쁘겠다). In this type of usage, a conjecture is being made about the future. Even if the answer is not known, this is still the form that is used.

진짜 춥겠다!   *(You must be so cold!)*
내일 힘들겠다!   *(Tomorrow will surely be hard for you.)*
정말 피곤하겠다!   *(You must be so tired.)*

B Change these sentences from the regular future tense to the future decision tense.

Future: 내일 친구를 만날 것입니다.

Future decision: (1)_____

Future: 오늘 숙제를 다 끝낼 것입니다.

Future decision: (2)_____

Future: 부모님께 연락드릴 것입니다.

Future decision: (3)_____

Future: 동생 한테 선물을 줄 것입니다.

Future decision: (4)_____

Future: 가족과 함께 여행 갈 것입니다.

Future decision: (5)_____

Future: 내일 약속이 있을 것입니다.

Future decision: (6)_____

Meaning and usage

Expressing wants and desires -고 싶다

1 -고 싶다 expresses the hope or desire to complete an action. It means *want to*.

날씨가 따뜻해지면 반바지를 입고 싶어요.　*(If the weather is warm, I want to wear shorts.)*
할인을 해서 백화점에 가고 싶습니다.　*(There is a sale, so I want to go to the department store.)*
옷가게에 가서 치마를 사고 싶어.　*(I want to go to the clothes shop to buy a skirt.)*

How to form -고 싶다

-고 싶다 attaches to the verb stem and does not change depending on whether the verb stem ends in a vowel or consonant.

-고 싶다 is only used to express the desire to do an action. It is not used for nouns. In order to express *want* for an object, the verb 원하다 is used.

커피를 마시고 싶어요.　*(I want to drink a coffee.)*
커피를 원해요.　*(I want a coffee.)*

If speaking about someone else, -고 싶어 하다 is used instead of -고 싶다.

저는 친구랑 쇼핑하고 싶어요.　*(I want to go shopping with friends.)*
진아 씨는 친구랑 쇼핑하고 싶어 해요.　*(Jina wants to go shopping with friends.)*

There is also a verb that means, on its own, to want. The verb is 원하다. *This is used with a noun. For example,* I want an apple *is* 나는 사과를 원해요. *This is, however, quite unnatural in Korean, so you should avoid the temptation to directly translate this English sentence. It makes more sense to say* I want to eat an apple.

C Finish these sentences with either -고 싶어요 **or** -고 싶어 해요, **using the verb phrase.**

1 나는 날씨가 좋으면 _____ (놀러 가다).
2 나는 한국에 갈 때 _____(맛있는 것을 먹다).
3 나는 학교를 졸업하기 전에 _____(좋은 추억을 만들다).
4 유나는 어른이 되면 _____(집을 사다).
5 세라는 좋은 직장에_____(오래 다니다).
6 민아는 오늘 저녁 식사를 _____(사주다).

D Circle the appropriate form for each sentence.

1 가족이랑 만나고 (싶어요/싶어 해요).
2 존 씨는 서점에서 재미있는 책을 사고 (싶어요/싶어 해요).
3 저의 동생이 일찍 자고 (싶어요/싶어 해요).
4 저는 한국에 가서 김치를 먹고 (싶어요/싶어 해요).
5 유나는 돈 많이 벌고 (싶어요/싶어 해요).
6 민아는 적성에 맞는 일을 찾고 (싶어요/싶어 해요).

Meaning and usage

Question words

1 Wh- questions (*what, when, where, why, who, which, how*, etc.) are used to ask for more specific information than yes/no questions. These begin with a question word.

무엇/뭐	*(What?)*	누가 할래요?	*(Who will do it?)*
지금 뭐 해요?	*(What are you doing now?)*	무슨/어떤	*(Which/What kind?)*
언제	*(When?)*	무슨 운동이 좋아요?	*(Which sport do you like?)*
언제 올 거예요?	*(When will you come?)*	어떤 음식이 좋아요?	*(What kind of food do you like?)*
어디	*(Where?)*	어때/어떻게	*(How?)*
어디 가세요?	*(Where are you going?)*	어떻게 이것을 만들어요?	*(How do you make this?)*
왜	*(Why?)*	얼마	*(How much?)*
왜 그렇게 했어요?	*(Why did you do that?)*	얼마예요?	*(How much is it?)*
누가/누구	*(Who?)*		

 무엇 *is the more formal form of* what. 뭐 *is an abbreviation and slightly less formal.*

누가 (who) *is used to replace the subject of a sentence.* 누구 (whom) *is used to replace the object of a sentence.*

How to form questions

Questions can be formed in a few ways:

Place the question word at the beginning of the sentence. This is most common for the question words 어디, 무엇/뭐 and 누가.

어디 갈 거예요?   (Where are you going to go?)
어떤 영화를 좋아해요?   (What kind of films do you like?)

Place the question word after the main noun in the sentence. This is most common for the question words 언제, 왜 and 어떻게.

슈파마켓에 어떻게 가요?   (How do you go to the supermarket?)
한국어를 왜 공부해요?   (Why do you study Korean?)

Put the question word at the end of the sentence. This is most commonly used for 얼마나 and 어때.

이 원피스는 얼마예요?   (How much is this dress?)
내일 쇼핑하면 어때요?   (How is it if we go shopping tomorrow? / How about
                                  we go shopping tomorrow?)

E Complete the sentences with the correct question word.

1 백화점에서 _____ 살 거예요?
2 바다에 _____랑 가요?
3 매일 아침에_____ 일어나요?
4 _____ 피자를 다 먹었어요?
5 _____ 음식을 먹고 싶어요?
6 보통 _____ 출근합니까?

> *When asking a question, subjects are often omitted. Pronouns like* you *and* we *are implied when asking a question.*
>
> 어디 가요?   (Where are you going?)
> 한국 사람이에요? (Are you Korean?)

F Make questions using question words.

1 이번 주말에 도서관에 갈 거야.

_____.

2 파티에 가니까 새 원피스를 살 거예요.

_____.

3 학교에 갈 때 교복을 입어요.

_____.

4 도서관에 가서 공부할 거예요.

_____.

5 일 년 전에 취직했어요.

_____.

6 나는 서울에서 자랐어요.

_____.

Vocabulary

G Find the odd one out.

1 치마   바지   셔츠   빨간색   원피스   옷   어울리다

2 파란색   검은색   원   하얀색   빨간색

H Complete the sentences with the appropriate word.

1 바다와 하늘은 둘 다 _____입니다.

2 딸기와 사과는 _____입니다.

3 _____ 옷을 입으면 음식 묻을 수도 있어요.

4 한국 돈은 달러가 아니고 _____ 입니다.

5 바지와 셔츠가 잘 _____.

6 예전에 여자들은 교회에 갈 때 _____나 치마를 입었다.

I Label the items with their colours in Korean, repeating colours where needed.

1 거미 _____

2 블루베리 _____

3 구름 _____

4 딸기 _____

5 솜 _____

6 고추 _____

7 바다 _____

8 밤하늘 _____

Reading

J Read the first paragraph of a shopping blog and indicate if the statement is 맞다 (true) or 틀리다 (false). 동대문의 모든 가게는 항상 열려 있습니다. _____

블로그

내일 친구와 함께 동대문에 쇼핑하러 갈 거예요. 동대문은 서울의 중심에 위치해 있고 아주 유명합니다. 동대문은 서울의 가장 크고 오래된 쇼핑 지역입니다. 삼만 개 이상의 가게가 있습니다! 그리고 어떤 가게들은 연중무휴로 열려 있습니다. 정말로 신기하죠! 관광객과 서울 사람에게 똑같이 인기가 있는 것 같습니다. 저는 내일 처음으로 동대문에 가는 데 많이 기대가 돼요. 어서 빨리 가서 여러 가게들을 보고 쇼핑을 하고 싶습니다.

K Now continue reading and answer the questions.

블로그

제 친구가 새 셔츠를 사고 싶어서 먼저 옷을 파는 가게에 간다고 합니다. 그 가게는 모든 색깔의 옷을 판대요! 보는 곳 마다 다양한 색깔과 스타일들이 있습니다. 친구가 빨간색의 셔츠를 사고 싶다고 해요. 빨간색이 진짜 잘 어울릴 것 같습니다. 저도 내일 파란색의 새 치마를 사고 싶어요. 또한 한복을 파는 가게를 보고 싶습니다. 한복은 한국의 전통적인 옷입니다. 한복은 정말 예쁘고 멋있어 보인다고 생각합니다. 솔직히 한복을 진짜 사고 싶었는데 저번에 너무 비싸서 살 수 없었어요. 내일 조금 더 싼 한복을 찾으면 꼭 살 거예요.

그리고 나서, 배가 고프면 한국의 길거리 음식을 먹고 싶습니다. 동대문에 포장마차와 음식을 파는 노점도 많습니다. 우리는 만두와 순대를 먹으려고 해요. 저는 아직 한국의 길거리 음식을 먹어 본 적이 별로 없지만 정말 맛있을 것 같습니다. 나중에 집에서도 레시피를 보면서 만들고 싶어요! 가게가 많아서 모든 곳에 다 갈 수는 없지만 친구와 같이 아주 즐거운 하루를 보내고 싶네요.

V	
중심	*centre*
이상	*more than*
전통적이다	*traditional*
솔직히	*frankly speaking*
포장마	*covered food stall*
만두	*Korean dumplings*
순대	*Korean blood sausage*

1 처음에 갈 가게는 무엇을 팝니까?

_____

2 글 쓴 사람은 과거에 왜 한복을 안 샀습니까?

_____

3 글 쓴 사람은 집에서 무엇을 만들어 보고 싶습니까?

_____

4 동대문에 어떤 가게가 있습니까?

_____

# Writing

L Write an email to a friend about shopping in Korea, or in your hometown. Include the following. (Write 80–100 words)

▶ 무엇을 사고 싶고 왜 그런지 써보세요

▶ 어디서 언제 쇼핑할 지 써보세요.

▶ 내년의 계획에 대해 써보세요.

▶ 보고 싶거나 사고 싶은 것 3가지에 대해 써보세요.

_____
_____
_____
_____
_____
_____
_____
_____
_____
_____

Self-check

Tick the box which matches your level of confidence.

1 = very confident   2 = need more practice   3 = not confident

자신이 다음과 같은 부분들을 얼마나 잘 이해하고 있는지 확인하고 표시하세요.

1 = 잘 이해하고 있음   2 = 연습이 더 필요함   3 = 이해하지 못함

	1	2	3
Use the future tense.			
Express wants and desires.			
Ask wh- questions.			
Can understand sentences and frequently used expressions related to areas of most immediate relevance (basic personal or family info, shopping, local geography, employment) (CEFR A2).			
Can write about personal preferences related to clothes and shopping (CEFR B1).			

5 취미는 뭐예요?
What is your hobby?

In this unit you will learn how to:

✓ Use subject particles

✓ Use topic particles

✓ Express ability and inability

CEFR: Can understand sentences and frequently used expressions related to areas of most immediate relevance (basic personal or family info, shopping, local geography, employment) (A2); Can write about topics pertinent to everyday life such as family, hobbies and interests, work, travel, current events (B1).

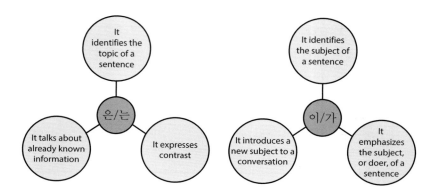

Meaning and usage

Case particles

In Korean, different particles are attached to nouns to indicate the role they play in a sentence. These are called case markers or particles.

Subject particles

1 The particle 이/가 indicates that a noun or pronoun is the subject of the sentence. If the subject ends with a consonant, the 이 form is used. If the subject ends with a vowel, the 가 form is used. The subject particle conveys a few different meanings.

It identifies the subject of a sentence.

It introduces a new subject to a conversation.

It emphasizes the subject, or doer, of a sentence.

고양이**가** 밥을 먹어요.	(The cat is eating food.)
학생**이** 수업에 늦었어요.	(The student was late for the class.)
오늘은 날씨**가** 좋아요.	(Today the weather is nice.)

A Circle 이 or 가 for each word. Use a dictionary if necessary.

1 선생님   (이/가)
2 책   (이/가)
3 피아노   (이/가)
4 게임   (이/ 가)
5 친구   (이/가)
6 가족   (이/가)

2 Sometimes, when a subject particle is combined with a pronoun, the form of the pronoun changes.

저 (*I*, humble) + 가 = **제가**

나 (*I*, casual)   + 가 = **내가**

너 (casual)   + 가 = **네가** or **니가**

누구 (*who*)   + 가 = **누가**

Topic particles

1 Another kind of particle is the topic particle, 은/는. When the word ends with a consonant, 은 is used and 는 is used if it ends with a vowel. Topic particles are sometimes used in place of a subject particle but carry a different nuance. Topic particles are used to:

1 Identify the topic of a sentence.
2 Talk about information already known.
3 Express contrast.

Here, 는 shows the topic of the sentence, Sarah:

안녕하세요. 저는 사라입니다.   *(Hello. I am Sarah.)*

In the next example, the speaker's younger sibling is introduced as the object in the first sentence, by use of the object marker 을. In the second sentence, 는 is used because the sibling has already been mentioned.

내일 동생을 만날 거예요. 동생은 뉴욕에   *(Tomorrow I will meet my younger sibling.*
살아요.   *He lives in New York.)*

When two different things are being compared, they will often be marked with a topic marker. In the following sentence, there is a contrast between 'baseball' and 'basketball'. Using 는 emphasizes the difference between the speaker's like of the two sports.

저는 야구는 좋아해요. 하지만 농구는   *(I like baseball. However, I don't like*
좋아하지 않아요.   *basketball.)*

Particles are important and are often used to emphasize or clarify meaning, but they are also often dropped. It isn't rare to see a sentence with no particles, but that sentence will still have subjects and objects. Particles are typically used when dropping them could lead to confusion.

나 사과 먹었어.

나는 사과 먹었어.

내가 사과 먹었어.

The first sentence means I ate an apple. *There is no specific emphasis included. The second also means* I ate an apple, *as does the third. The inclusion of the* 가 *particle in the third sentence adds emphasis to the subject, meaning the speaker, not someone else, ate the apple.*

B   Rewrite the sentences, adding topic particles to express contrast.

1 나 딸기 좋아해. 너 사과 좋아해.

_____

2 미국에 햄버거 많이 있어. 김치 많이 없어.

_____

3 아빠 차 아주 커. 엄마 차 작아.

_____

4 빨간색 옷 좋아해요. 검은색 옷 안 좋아해요.

_____

5 동생 없어요. 형 두 명 있어요.

_____

6 오늘 바빠요. 내일 시간 괜찮아요.

_____

2   The subject particle emphasizes the person who performed an action. The topic particle emphasizes contrast between two things if there are multiple things being compared.

내가 밥 먹었어.   *(I had a meal.)*

This is likely in answer to the question *Who had a meal?* as it emphasizes the subject.

나는 밥 먹었어.   *(I had a meal.)*

This is likely in answer to the question *What did you do?* as it emphasizes the action.

3   In sentences which use 있다 or 없다, the subject particle is often used. Often these sentences discuss *having*, but the Korean translates to *existing*, so a subject particle is used rather than an object particle.

저는 고양이**가** 있어요.   *(I have a cat.)*

나는 쉴 시간**이** 없어.   *(I don't have time to rest.)*

C Circle the correct particle for each sentence.

1 오빠(가/는) 피아노를 쳐요. 동생(이/은) 기타를 쳐요.
2 티나 씨(가/는) 파리에 안 살아요. 유나 씨(가/는) 파리에 살아요.
3 오늘 날씨(가/는) 어때요?
4 날씨(는/가) 따뜻해요.
5 (저는/제가) 의사입니다.
6 (누구/누가) 딸기를 좋아해요?

Meaning and usage

Expressing ability and inability with -을/ㄹ 수 있다/없다

1 The pattern that conveys ability to perform an action is **verb** + 을/ㄹ 수 있다/없다.

   If the action is possible, **verb** + 을/ㄹ 수 있다 is used.

   If the action is not possible, **verb** + 을/ㄹ 수 없다 is used.

   The pattern is formed by attaching 을/ㄹ 수 있다/없다 to the verb stem.

2 Verb stems that end in ㄷ (듣다; 묻다; 걷다) are part of an irregular verb class.

   When these verbs are followed by a vowel, ㄷ becomes ㄹ.

   듣다   들어요   들을 수 있다

Verb	Possible	Not possible
가다	갈 수 있다	갈 수 없다
먹다	먹을 수 있다	먹을 수 없다
만들다	만들 수 있다	만들 수 없다
듣다	들을 수 있다	들을 수 없다

어떤 언어를 **이해할 수 있어요?**	*(What languages can you understand?)*
중국어를 조금 **할 수 있어요.** 그렇지만 한자는 아직 **읽을 수 없어요.**	*(I can speak a little Chinese. However, I still can't read Chinese characters.)*
듣는 것을 좋아하지만 피아노를 **칠 수 없습니다.**	*(I like to listen to it, but I can't play the piano.)*
숙제가 많아서 오늘 밤에 **만날 수 없어.**	*(I have a lot of homework, so I can't meet tonight.)*

D Write sentences to show ability to do each activity. Refer to the prompts.

1 수영하다 (I can't)

_____

2 악기를 치다 (He can)

_____

3 매운 음식을 먹다. (You can)

_____

4 외국어를 이해하다. (We can't)

_____

5 농구를 하다. (They can)

_____

6 노래하다. (She can't)

_____

 Using 을/ㄹ 수 없다 for can't is quite strong and usually refers to a physical inability to do something. Because of this, it isn't often used in casual contexts.

Meaning and usage

Expressing ability and inability with -지 못 하다

1 While -을/ㄹ 수 있다/없다 expresses a strong, physical inability to do something, -지 못 하다 implies another type of inability. For instance, if a person says, _I can't come to the party._ They may not mean there is a physical inability to attend, instead they may be too busy to attend, or have another commitment. In this case, a person would likely use -지 못 하다.

오늘 미팅에 가**지 못 합니다**.   _(I can't go to the meeting today.)_

This is different from:

오늘 미팅에 갈 **수 없습니다**.   _(I can't go to the meeting today. (physical inability))_

There is no hard and fast rule about when each form should be used, and sometimes they are used interchangeably. The speaker or writer must determine whether they want to emphasize physical inability or say something softer.

2 The form -지 못 하다 is often abbreviated to 못 + verb. For instance:

하지 못 해요   →   못 해요 _(I cannot do.)_
보지 못 해요   →   못 봐요 _(I cannot see.)_

When the verb includes a 하다, such as 공부하다, the 못 directly precedes the 하다.

공부하지 못 해요 →   공부 못 해요 (correct)
                     못 공부 해요 (incorrect)

3 When abbreviated to the 못 form, this can take on another meaning, which refers to whether someone does something well or not. For example, 노래 못 해요 does not mean someone is unable to sing, but usually means they are bad at singing.

나는 한국어를 못 해요. *(I can't speak Korean. (I am not good at speaking Korean))*

 E Write the sentences using both 못 + verb and -지 못 해요.

1 나는 테니스를 잘 (치다) ＿＿＿＿＿＿＿＿＿＿ (못)
＿＿＿＿＿＿＿＿＿＿ (-지 못 해요)

2 나는 스페인어를 (말하다) ＿＿＿＿＿＿＿＿＿＿ (못)
＿＿＿＿＿＿＿＿＿＿ (-지 못 해요)

3 나는 운전을 (하다) ＿＿＿＿＿＿＿＿＿＿ (못)
＿＿＿＿＿＿＿＿＿＿ (-지 못 해요)

4 우리가 늦어서 같이 (먹다) ＿＿＿＿＿＿＿＿＿＿ (못)
＿＿＿＿＿＿＿＿＿＿ (-지 못 해요)

5 내 친구는 눈이 나빠서 멀리서 (보다) ＿＿＿＿＿＿＿＿＿＿ (못)
＿＿＿＿＿＿＿＿＿＿ (-지 못 해요)

6 바이올린 좋아하지만 (켜다) ＿＿＿＿＿＿＿＿＿＿ (못)
＿＿＿＿＿＿＿＿＿＿ (-지 못 해요)

Vocabulary

F Find the odd one out.

1 피아노	기타	색소폰	자전거
2 농구	요리	축구	야구
3 산	바다	비행기	섬
4 등산	캠핑	낚시	비디오게임
5 영화	드라마	영상	달리기
6 구경	관광객	독서	여행

G Complete the sentences.

1 우리 아빠는 텐트 치고 _____하는 것을 좋아해요.
2 저는 손가락이 길어서 _____ 배우면 잘 칠 것 같아요.
3 우리 고향에 큰 산이 있어서 어릴 때 자주 _____갔어요.
4 생선은 식당에서 사 먹으면 비싸지만 직접 _____해서 먹으면 비싸지 않아요.
5 우리 엄마는 _____ 너무 잘 해서 식당에서 밥 먹는 것 보다 집에서 먹는 것을 좋아해요.
6 농구는 손으로 하지만 _____는 발로 해요.

H Complete the text message conversation.

미나: 주말에 (1)_____에 가서 등산할래?

주혁: 아니. 나는 주말에 친구들이랑 PC방에 가서 (2)_____하기로 했어.

미나: 그래? 오늘 학원에 갈 거야? 악기 배운다고 했잖아.

주혁: 응. 나는 재즈를 좋아해서 (3) _____ 배우기로 했어.

미나: 멋있네. 나는 음악 말고 스포츠 배우고 싶어. 작은 공 던지고 잡는 것을 좋아해서 (4) _____ 배우고 싶어.

주혁: 나는 스포츠 잘 못 해. 하지만 야구장에 가서 (5)_____를 구경하는 건 좋아해.

미나: 보는 것만 좋아하는구나. 몸으로 하는 (6)_____ 안좋아해?

# Reading

I Read the following letter from Elena to her homestay family and answer the question:
엘레나는 어느 나라 사람입니까?

홈스테이 가족께,

안녕하세요? 저는 엘레나입니다. 저는 스페인 사람입니다. 스페인 바르셀로나에 살고 있습니다.
저는 가족들과 스페인어를 합니다. 요즘에 한국어도 열심히 공부하고 있습니다. 한국어를 아직
유창하게 할 수 없지만, 앞으로 잘 했으면 좋겠습니다. 저는 한국어 공부하는 것이 아주 재미있습니다.

J **Continue reading and answer the questions.**

저는 7월에 한국에 가려고 합니다. 가서 저에 대해서 더 자세히 말씀 드리도록 하겠습니다. 한국에 갈
생각을 하니 아주 기쁩니다. 저는 한국 사람들도 좋아하고, 한국 음식도 아주 좋아합니다. 한국 드라마도
아주 많이 좋아합니다. 저 말고 제 친구중에도 한국 드라마와 영화를 좋아하는 친구들이 아주 많이
있습니다. 제가 한국에 가니까 친구들이 모두 부러워 합니다. 친구들도 한국에 가고 싶어합니다.

저는 오빠 두 명이 있습니다. 오빠의 이름은 하이미와 주안입니다. 오빠들은 저보다 나이가 많습니다.
우리 집은 바닷가 옆이라서 저는 오빠들과 수영을 자주 합니다. 저는 아주 어릴 적에 수영을 배웠습니다.
한국에 가서도 바다에서 수영을 하고 싶습니다. 하지만, 서울은 바닷가에서 조금 멀리 있다고 들었습니다.
수영을 좋아하시나요? 수영장이나 바다에 같이 가면 좋을 것 같습니다. 너무 재미있을 것 같아요.
겨울에는 추워서 집에서 요리를 많이 합니다. 저는 파에야와 추로스 잘 만들 수 있습니다. 제가 언제
한 번 스페인 음식을 만들어 드리도록 할게요. 스페인 음식에는 맛있는 해산물이 많이 들어갑니다. 아마
좋아하실 것입니다. 저는 또 한국에서 한국 음식을 요리하는 것을 배우고 싶습니다. 한국 음식 중에서
김치와 불고기를 먹어 봤습니다. 어서 한국에 가서 맛있는 한국 음식도 배우고, 한국 사람들도 만났으면
좋겠습니다. 7월에 봐요. 저한테 궁금한 점이 있으면 언제든지 말해주세요. 이메일을 아주 자주
확인합니다. 금방 연락을 해드릴게요.

스페인 바르셀로나에서

엘레나 드림

홈스테이	homestay	바닷가	seaside
말씀 드리다	to tell (respectful)	해산물	seafood
부러워 하다	to be jealous of someone	궁금한 점	things one is wondering about

1 엘레나는 몇 월에 한국에 갑니까?

_____

2 엘레나의 취미는 무엇입니까?

_____

3 엘레나는 누구랑 수영을 합니까?

_____

4 엘레나는 요리를 언제 합니까?

_____

K   List the things Elena can and cannot do.

할 수 있음	할 수 없음

Writing

L   Imagine that you will be spending a few months with a host family in Korea. Write a letter introducing yourself. Include the following. (Write 80–100 words)

▶   좋아하는 취미 두 개에 대해 써보세요.

▶   그 취미를 어디서 그리고 언제 즐기는 지 써보세요.

_____

_____

_____

_____

_____

_____

_____

_____

Self-check

Tick the box which matches your level of confidence.

  1 = very confident   2 = need more practice   3 = not confident

자신이 다음과 같은 부분들을 얼마나 잘 이해하고 있는지 확인하고 표시하세요.

  1 = 잘 이해하고 있음   2 = 연습이 더 필요함   3 = 이해하지 못함

	1	2	3
Use subject particles.			
Use topic particles.			
Express ability and inability.			
Can understand sentences and frequently used expressions related to areas of most immediate relevance (basic personal or family info, shopping, local geography, employment) (CEFR A2).			
Can write about topics pertinent to everyday life such as family, hobbies and interests, work, travel, current events (CEFR B1).			

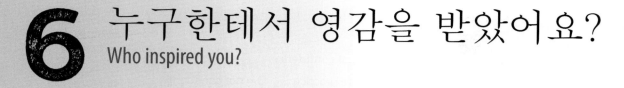

6 누구한테서 영감을 받았어요?

Who inspired you?

In this unit you will learn how to:

- ✓ Use the past tense
- ✓ Use passive verbs
- ✓ Join nouns and verbs through *and*-type coordination

CEFR: Can scan longer text in order to locate desired information and understand relevant information (B1); Can write simple connected text on topics which are familiar or of personal interest (B1).

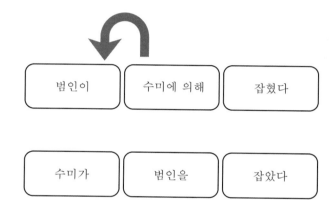

The passive voice indicates that the subject of a sentence is the recipient of an action, not the doer of an action.

The criminal was caught by Sumi. (passive) / Sumi caught the criminal. (active)

Meaning and usage

Passive voice

There are a few ways to create the passive voice in Korean.

Passive verbs

1   Some active verbs in Korean have a passive verb equivalent. These verbs are typically formed by taking the stem of the active verb and adding -이/히/리/기 to the verb stem. There is no set rule to determine which affix is used with a given verb, so learners need to memorize them. Not every verb allows for these kinds of additions.

The table shows some of the most common passive verb forms. This list is not exhaustive.

Active		Passive	
놓다	to put	놓이다	to be put
바꾸다	to change	바뀌다	to be changed
보다	to see	보이다	to be seen/to be shown
쓰다	to write	쓰이다	to be written
잡다	to grab	잡히다	to be grabbed
막다	to block	막히다	to be blocked
닫다	to close	닫히다	to be closed
열다	to open	열리다	to be opened
밀다	to push	밀리다	to be pushed
듣다	to hear/to listen	들리다	to be heard
안다	to hold	안기다	to be held
끊다	to cut	끊기다	to be cut
씻다	to wash	씻기다	to be washed

할아버지가 애기를 **안아요.**   (The grandfather is holding the baby.)
애기가 할아버지한테 **안겨요.**   (The baby is being held by the grandfather.)
저는 칠판에 메뉴를 썼어요.   (I wrote the menu on the blackboard.)
메뉴가 칠판에 쓰였어요.   (The menu was written on the blackboard.)

 A Choose Active or Passive, then write the active/passive equivalent.

1 먹히다 (Active / Passive)

_____

2 잠그다 (Active / Passive)

_____

3 팔다 (Active / Passive)

_____

4 쫓기다 (Active / Passive)

_____

5 걸리다 (Active / Passive)

_____

6 읽히다 (Active / Passive)

_____

 Sometimes in English active voice is referred to as better or more grammatical than passive voice. In Korean, this is not the case; the two are just used at different times and in different contexts. Sometimes the Korean passive verbs correlate to verbs in English that aren't considered passive, such as to hang *(*걸리다*) or* to read well *(*읽히다*).*

-되다

Not every active verb has an -이/히/리/기- passive equivalent. Many -하다 verbs replace -하다 with -되다 in order to make an active verb into a passive verb.

알렉산더 플레밍이 페니실린을 발견했어요.   *(Alexander Fleming discovered penicillin.)*
페니실린이 1928년에 발견**됐어요.**   *(Penicillin was discovered in 1928.)*

How to form -되다 passives

1   In order to turn an active -하다 verb into a passive verb, attach -되다 to the verb stem.

준비하다 *(to prepare)* will become 준비되다   *(to be prepared)*.

요리하다 *(to cook)* will become 요리되다   *(to become cooked)*.

When identifying who or what caused a passive verb, the particle -에 의해 is used. However, in most instances, it sounds more natural to use the active voice when talking about a person's actions.

아버지가 점심을 준비했습니다.   *(Dad prepared lunch.)*
점심이 아버지**에 의해** 준비**됐습니다.**   *(Lunch was prepared by Dad.)*

The table shows a list of a few passive -되다 verbs.

Active verb	Passive verb	Passive (Present)	Passive (Past)	Passive (future)
포함하다 *(to include)*	포함되다 *(to be included)*	포함돼요	포함됐어요	포함될 거예요
청소하다 *(to clean)*	청소되다 *(to be clean)*	청소돼요	청소됐어요	청소될 거예요
정리하다 *(to organize)*	정리되다 *(to be organized)*	정리돼요	정리됐어요	정리될 거예요
개발하다 *(to develop)*	개발되다 *(to be developed)*	개발돼요	개발됐어요	개발될 거예요

B Change the sentences from active to passive using -되다. Change the subject, topic, and object particles accordingly.

1 가격에 세금을 포함합니다.

_____

2 수업의 내용을 다 이해했습니다.

_____

3 고장난 컴퓨터를 대체할 거예요.

_____

4 집에 가기 전에 할 일을 마무리할 겁니다.

_____

5 집에서 저녁밥을 준비합니다.

_____

6 친구한테 편지를 발송합니다.

_____

아/어지다 Other passive verbs

1 For verbs that do not have a passive form, or do not take -되다, -아/어지다 can be attached to the verb stem to make it passive. -아/어지다 is most frequently used for adjectives, and for verbs that do not end in -하다.

제 커피가 **쏟아져서** 치마가 **더러워졌어요.** (My coffee spilt, so my skirt became stained.)
날씨가 갑자기 **추워졌어요.** (The weather suddenly got cold.)

How to form -아/어지다 passive voice

In order to turn an active verb into a passive verb, -아지다 or -어지다 is attached to the verb stem. When the last vowel of the verb stem is ㅗ or ㅏ, 아지다 will be attached. When the last vowel of the verb stem is ㅜ or ㅓ or ㅣ, 어지다 will be attached.

When using a passive verb, regardless of whether it is an -이/히/리/기- verb or a verb with -아/어지다 attached, the recipient of the action takes the 이/가 subject marker.

 C Choose the correct particle for each noun.

1 고양이(가/를) 개(가/에게/를) 쫓기고 있습니다.
2 요즘 저의 머리(가/를) 아주 길어졌어요.
3 형(이/를) 서재에서 책(이/을) 읽고 있어요.
4 가수(가/를) 노래(가/를) 크게 부르고 있었어요.
목소리(가/를) 어디서나 들렸어요.
5 범인(이/을) 잡혔어요.
6 배(가/를) 바다(에) 보여요.

 When using passive verbs, the words 에게 and 한테 are often used (i.e. I was chased by a dog, 개에게 쫓겼어요). Typically, 에게 is used more formally or in writing, and 한테 is used colloquially.

Meaning and usage

And-type coordination

And-type coordination connects two or more separate verbs, nouns or ideas together in one sentence. Depending on whether you are connecting nouns or verbs, different forms of the particle are used.

Connecting nouns

There are three ways to connect nouns, or to create a list. Although all three methods are nearly identical in meaning, there are some differences in usage. These forms are similar to English *and* and *with*.

1 -하고

The first form of *and*-type connection is 하고, which follows nouns.

이번 주말에 친구 **하고** 같이 콘서트에 갈 거예요.	*(This weekend, I am going to go to a concert with a friend.)*
나**하고** 친구 둘 다 사과를 좋아해요.	*(My friend and I both like apples.)*

2 와/과

The affix -와/과 attaches to the ends of nouns. If the noun ends in a vowel, -와 is used. If the noun ends in a consonant, -과 is used.

가게에서 수박**과** 우유**와** 빵을 샀어요.	*(I bought watermelon, milk and bread at the shop.)*
부모님**과** 마트에 갔어요.	*(I went to the grocery shop with my parents.)*

3 랑/이랑

The third affix, -랑/이랑, functions in the same way as -와/과 to mean *and* or *with*. If the noun ends in a vowel, use -랑, if the noun ends in a consonant, use -이랑.

가족**이랑** 함께 영화를 보러 갔어요.	*(I went to see a film with my family.)*
사과**랑** 오렌지가 맛있어요.	*(Apples and oranges are delicious.)*

Often, there is no grammatical reason why a certain type of and is used over another type. With exposure to the language, it will feel more natural to decide which and to use based on the words in the sentence. These are issues of flow, rather than issues of being correct or incorrect.

And-type coordination for nouns

1 All three versions of *and*-type coordination shown above have nearly identical meanings. However, -와/과 is considered more formal than -하고 or -랑/이랑, and is used more in professional settings and in writing. -하고 is not frequently used in written language.

2 When creating a list, a particle is used after each noun in the list, or before the last noun.

동물원에서 호랑이, 사자, 사슴 **하고** 원숭이를 봤어요. — *(At the zoo, I saw tigers, lions, deer and monkeys.)*

동물원에서 호랑이 **하고** 사자 **하고** 사슴 **하고** 원숭이를 봤어요. — *(At the zoo, I saw tigers and lions and deer and monkeys.)*

3 Although all three affixes have similar usages, they should not be used within the same sentence.

동물원에서 호랑이**와** 사자**랑** 사슴**하고** 원숭이를 봤어요. (incorrect)

4 When used to mean *with*, *and*-type coordination is frequently followed by the adjectives 같이 or 함께, to mean *together with*:

매일 친구**랑 같이** 점심을 먹어요. — *(I eat lunch together with a friend every day.)*

형**과 함께** 운동을 시작해서 몸이 건강해졌어요. — *(I started working out together with my brother, so I became healthier.)*

In these instances, pronouns such as 나/저 (*I, me*) can be omitted from the sentence. However, the pronoun cannot be omitted when the particle is used to mean *and* rather than *with*. Compare the following sentences.

저**와** 엄마가 피아노를 배워요. — *(My mum and I are (both) learning piano.)*

엄마**랑** 피아노를 배워요. — *(I am learning piano with my mum.)*

Meaning and usage

Coordinating verbs and adjectives

1 In order to join two or more verbs or adjectives, the affix -고 is used. -고 carries the same meaning as *and* in English when listing two or more actions, and can also mean *and then* when listing two or more non-consecutive actions.

남자 친구가 키가 **크고** 잘 생겼어요. — *(My boyfriend is tall and handsome.)*

친구랑 **만나고** 같이 영화를 볼 거예요. — *(I will meet my friend and (then) we will see a film.)*

바다에서 사람이 **많고** 복잡했어요. — *(There were lots of people at the beach and it was crowded.)*

2 If you want to emphasize that one action happened after another, you can use -고 나서.

숙제를 **하고 나서** 친구와 놀 거예요. — *(I will do my homework, and then hang out with a friend.)*

D **Complete the sentences.**

1 형은 빠르_____ 힘이 세요.
2 책을 다 읽_____시험 봐요.
3 이 호텔은 깨끗하_____세련됐어요.
4 미술관에 그림_____조각품이 있어요.
5 헬스장_____공원에서 운동해요.
6 점심을먹_____도서관에서 공부해요.

Meaning and usage

The past

The simplest way to refer to the past in Korean is by using the basic past tense.

어제 비가 **왔어요**.	*(It rained yesterday.)*
경기장 밖에서 유명한 축구 선수를 **만났습니다**.	*(I met a famous football player outside the stadium.)*
학교에 가기 전에 아침을 **먹었어**.	*(I ate breakfast before I went to school.)*

How to form the basic past tense

The past tense is formed by attaching 았/었 and the proper formality to the verb stem.

The use of -았 or -었 follows the same rules as the polite style ending 어요/아요 when it comes to the final vowel in a verb. Bright vowels like ㅏ and ㅗ take on the ending -았 and dark vowels like ㅓ, ㅜ and ㅣ take the ending -었.

If a verb stem ends in a vowel (ex. 보다, 오다, 하다) the two vowels join together, just as they do with the different formal endings. If the verb stem already ends in ㅏ or ㅓ, then the vowels merge into one vowel.

보다	→	보았어요	→	봤어요
가다	→	가았어요	→	갔어요

Meaning and usage

The past perfect tense

1 The past perfect tense indicates that something has previously occurred and is completed or finished. It expresses that something either happened in the past and is fully completed, or that something that was true in the past is no longer the case. It is similar to the English construction *have* _____ or *used to* _____.

일본에 **갔어요**.	*(I went to Japan.)*
일본에 **갔었어요**.	*(I went to Japan before (a long time ago or preceding other events).)*
여름 방학 동안 친구들을 자주 **만났었어요**.	*(I saw my friends before, during the summer holiday (implying that this preceded some other action).)*

Comparing the past and past perfect tenses

The past and past perfect tenses sometimes seem to carry similar meanings. The largest difference is that with the past perfect tense, the past action or state is no longer the case. When the regular past tense is used, it may be ambiguous as to whether or not the past condition is still true.

Past: 어렸을 때 제가 농구를 좋아했어요.

I liked basketball when I was younger (and I may still like it now).

Past perfect: 어렸을 때 제가 농구를 좋아했었어요.

I used to like basketball when I was younger (but I don't like it anymore).

Past: 진아는 5년 동안 서울에서 살았어요.

Jina lived in/has been living in Seoul for five years (and she might still live there).

Past perfect: 진아는 5년 동안 서울에서 살았었어요.

Jina had lived in Seoul for five years (and she no longer lives there).

How to form the past perfect tense

The past perfect tense is formed in nearly the same way as the basic past tense. Either 았었어 or 었었어 is joined to the verb stem, depending on the final vowel in the verb stem.

The following table shows the past and past perfect tenses of several verbs in the polite style.

Root form	Past tense	Past perfect tense
오다	왔어요	왔었어요
살다	살았어요	살았었어요
듣다	들었어요	들었었어요
배우다	배웠어요	배웠었어요
하다	했어요	했었어요

E Choose the past or past perfect tense.

1 지난 겨울에 스키를 많이 탔어요.   (Past / Past perfect)
2 대학교를 다녔을 때는 담배를 피웠었어요.   (Past / Past perfect)
3 유명한 배우를 만났고 우리는 같이 사진을 찍었어요.   (Past / Past perfect)
4 작년에 저는 불어를 공부했었어요.   (Past / Past perfect)
5 저는 졸업해서 취직했어요.   (Past / Past perfect)
6 지난 주에 친구하고 영화를 봤어요.   (Past / Past perfect)

The past perfect tense isn't always used in the same way in each circumstance. Rather than always being used to mean a specific thing, it is used to add emphasis. The same meaning can be achieved by simply using the past tense, but the past-ness of a verb is emphasized by using the past perfect tense.

F Put the underlined verbs into the past.

제 부모님은 배우로 (1) **일해요** _____. 그렇지만 최근에 두분 다
(2) **은퇴해요** _____ 제가 어렸을 때, 저의 부모님이랑 같이 영화 촬영 세트에
(3) **가고** _____ 연기하는 것을 (4) **봐요** _____. TV 드라마나 영화 배우들의 연기를
보는 것을 정말 (5) **좋아해요** _____. 한 번, 영화를 찍기 위해서 우리는 다 같이
인도네시아로 (6) **여행 가요**. _____. 그 여행은 진짜 (7) **재미있어요** _____.
제 부모님은 영화에 대해서 많이 (8) **배우고** _____. 저도 앞으로 영화에 관련된 일을
하고 싶어졌어요. 원래 저도 배우가 되고 (9) **싶지만** _____. 요즘은 감독이 되고
(10) **싶어져요** _____. 왜냐하면, 대본을 외우는 것이 너무 힘들기 때문이에요.

Vocabulary

G Match each profession with the correct job.

1	배우	a	대본을 쓰다
2	프로듀서	b	가사를 쓰다
3	시나리오 작가	c	그림을 그리다
4	화가	d	영화나 무대에서 연기하다
5	작사가	e	영화, 음악이나 연극을 제작하다
6	감독	f	영화나 드라마를 감독하다

H Match each occupation with the person described in the sentence.

1	연주자	a	영진 씨는 악기를 다룹니다.
2	시인	b	마이클은 운동과 스포츠를 해요.
3	선수	c	제 친구는 직업으로 노래를 해요.
4	무용수	d	나중에 졸업하면 시 쓰는 일을 할 거예요.
5	가수	e	그 사람은 춤을 전문적으로 춥니다.
6	지휘자	f	오케스트라나 합창단을 지휘하다.

I Complete with an appropriate word.

1 _____ 가 되면 매일 노래 연습해야 해요.
2 어릴 때 스포츠 너무 좋아해서 _____ 가 되고 싶었어요.
3 _____ 들은 그림 그리는 것도 잘 하지만 창의성도 있어야 돼요.
4 영진 씨는 연기를 잘 해서 나중에 _____ 이 되는 게 꿈이래요.
5 여가 시간에 시를 많이 써서 나중에 _____ 이 되고 싶어요.
6 어릴 때부터 영화를 많이 봐서 _____ 이 될 계획이에요.

Reading

J Read the introduction to an article about King Sejong and answer the question:

글 쓴 사람은 세종을 왜 좋아하나요?

_____.

세종대왕

제가 가장 존경하는 사람은 바로 세종대왕입니다. 세종대왕은 1397년에 태어났고 태종의 셋째 아들이었습니다. 세종은 조선의 제 4대 국왕이며, 아주 훌륭한 정치가 그리고 학자였습니다. 일생 동안 세종대왕은 조선과 한국의 예술, 문학, 농학과 과학을 발달시켰습니다. 무엇보다도 세종 대왕은 한글이라는 새로운 문자 체계를 발명 했습니다. 세종은 한국에서 가장 유명한 왕입니다. 세종에 대한 많은 영화, 책, 드라마들이 있습니다. 세종대왕의 여러 가지 많은 업적을 생각하면 저도 열심히 살아야겠다는 생각이 듭니다. 어릴 때 학교에서 세종대왕에 대해 배울 때 제일 재미있고 관심 있었습니다.

K Now continue reading and answer the questions.

세종 대왕이 살던 조선 시대에는, 모든 책이 다 한자로 써졌습니다. 가난한 사람들과 농민들은 책을 읽을 수 없었고 쓸 수도 없었습니다. 세종은 모든 사람들이 읽을 수 있는 문자 체계를 만들고 싶었습니다. 그래서 한글이라는 글자를 발명했습니다. 그 때는, 한글 대신에 훈민정음이라고 했었습니다.

한글은 한자에 비해서 한국어의 소리랑 잘 맞고 더 쉽게 읽히고 쓰였습니다. 그리고 한자는 10,000자 이상 있지만 한글은 28자 밖에 없어서 빠르게 배울 수 있습니다. 세종 당시에 한글은 28자가 있었었지만 현대 한국어에는 24자만 사용됩니다. 세종이 한글을 처음에 소개했을 때 반대하는 사람들도 많았었습니다. 조선의 양반들은 농민이 글자를 배우는 것을 싫어했습니다. 그렇지만 결국은 한글이 한국의 공식적인 문자 체계가 됐습니다. 세종대왕의 발명 덕분에 많은 한국 사람들이 읽고 쓰는 법을 쉽게 배울 수 있었습니다. 한글은 한국의 역사와 문화 중에 정말 중요한 부분입니다. 10,000원 지폐에도 세종의 초상이 보입니다.

저는 무엇보다도 세종대왕이 백성들을 사랑하는 훌륭한 왕이었기 때문에 너무 좋아합니다.

1 세종한테 무슨 영향을 받았다고 하나요?

_____.

2 세종은 누구였습니까? 무슨 일을 했습니까?

_____.

3 세종의 발명은 어떤 영향을 미쳤습니까?

_____.

4 세종이 한국 돈에 어떻게 기념됐습니까?

_____.

5 세종의 아버지는 누구였습니까?

_____.

V	
존경하다	*to respect*
정치가	*politician*
학자	*scholar*
발달시키다	*to improve*
백성	*the people of a kingdom or land*
체계	*system*
한자	*Chinese characters*
지폐	*currency note*

Writing

**Write about a person who has influenced or inspired you. Include the following.
(Write 80–100 words)**

▶ 누구를 가장 존경합니까?

▶ 왜 좋아합니까?

▶ 그 사람한테 어떤 영향을 받았습니까?

_____

_____

_____

_____

_____

_____

_____

_____

_____

Self-check

Tick the box which matches your level of confidence.

    1 = very confident   2 = need more practice   3 = not confident

자신이 다음과 같은 부분들을 얼마나 잘 이해하고 있는지 확인하고 표시하세요.

    1 = 잘 이해하고 있음   2 = 연습이 더 필요함   3 = 이해하지 못함

	1	2	3
Use the past tense.			
Use passive verbs.			
Join nouns and verbs through _and_-type coordination.			
Can scan longer text in order to locate desired information and understand relevant information (CEFR B1).			
Can write simple connected text on topics which are familiar or of personal interest (CEFR B1).			

7 이번 주말에 친구를 만나러 갑니다

I am going to visit a friend this weekend

In this unit you will learn how to:

✔ Use *but*-type coordination to express contrast

✔ Use the conditional mood

✔ Use adverbs and create adverbs from adjectives

CEFR: Can understand sentences and frequently used expressions related to areas of most immediate relevance (basic personal or family info, shopping, local geography, employment) (A2); Can write about everyday aspects of his or her environment (people, places, job) (A2).

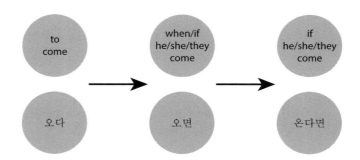

Meaning and usage

But-type coordination

1 *But*-type coordination links two or more separate verbs, adjectives or nouns through contrast. *But*-type coordination indicates that these things are different from each other in some way. There are a few ways to form basic *but*-type contrastive coordination in Korean. This unit will look at two of those ways: -지만 and -ㄴ데/-은데/-는데.

저는 딸기를 좋아하**지만** 바나나는 싫어요.	*(I like strawberries, but I don't like bananas.)*
헨리가 대학생**인데** 학교 후에 알바도 합니다.	*(Henry is a university student, but after school he also has a part-time job.)*

-지만 **coordination**

One form of *but*-type coordination is the contrastive particle, -지만.

Use -지만 to express that two clauses in the same sentence are contrary to each other.

A Choose the correct word and underline the *but-***type coordination.**

1 여름에 날씨가 좋지만 가끔 너무 _____.
   춥다/덥다
2 그 가게 옷이 다 너무 예쁘고 퀄리티가 좋지만 _____.
   비싸다/싸다
3 나는 수학이 너무 힘들지만 역사나 언어는 _____.
   쉽다/어렵다
4 한국 음식이 건강에는 좋지만 매운 음식은_____.
   좋아하다/싫다
5 우리 집이 깨끗하고 편하지만 _____.
   크다/좁다
6 햄버거가 너무 맛있지만 건강에 _____.
   좋다/나쁘다

How to form -지만

1 When using -지만 with a verb or adjective, attach the particle directly to the verb stem or adjective stem.
2 When using -지만 in the past tense, add it after the tense has been added to the verb stem.
3 When using -지만 with nouns, use -이지만.

이 차는 지난주에 **샀지만** 벌써 고장 났어요.	*(I bought this car last week, but it's already broken down.)*
KTX가 빠르**지만** 너무 비싸요. 그러니까 저는 버스로 갑니다.	*(The KTX train is fast, but it's too expensive, so I will travel by bus.)*
헨리는 미국인**이지만** 한국어를 아주 잘 해요.	*(Henry is an American, but he speaks Korean very well.)*

 B Complete the sentences with -지만.

1 가게에 (오다), 돈을 집에 두고 왔어요.
2 대학교에서 법을 (전공하다), 가수가 됐어요.
3 바다에 (가고 싶다), 수영하지 못 해요.
4 친구가 (많다) 가끔 외롭다.
5 시간이 (없다) 친구를 만나고 싶어요.
6 영어를 잘 못(하다) 열심히 공부해요.

-ㄴ데/-은데/-는데 coordination

Another type of *but-*type coordination is the contrastive particle -ㄴ데/-은데 / -는데. Semantically, -ㄴ데/-은데/-는데 and -지만 carry nearly identical meanings when used contrastively, but -ㄴ데/-은데/-는데 sounds softer and less direct compared to -지만.

Like -지만, -ㄴ데/-은데/-는데 is used to express contrast between two or more clauses.

How to form -ㄴ데/-은데/-는데

1 To form this type of coordination with a verb, -는데 is attached to the verb stem. When using the past tense, the tense comes first.

2 To form this type of coordination with an adjective, -은데 is attached to descriptive verb stems (a descriptive verb is a verb like *to be happy* or *to be sad*) ending with a consonant, and -ㄴ데 is attached to descriptive verb stems ending in a vowel.

3 When using -는데 with a noun, use -인데.

김치 좋아하**는데** 매워서 자주 못 먹어요.	(I like kimchi but I can't eat it often because it's spicy.)
저녁 냄새가 좋**은데** 배가 아파서 못 먹어요.	(Dinner smells good, but my stomach hurts, so I can't eat.)
이 식당이 **비싼데** 양이 많고 맛도 좋아.	(This restaurant is expensive, but the quantity and taste are good.)
예린이가 여섯 **살인데** 벌써 구구단을 잘 알아요.	(Yerin is six years old, but she already knows her times tables.)

C Choose the correct form of -ㄴ데/-은데/-는데.

1 저는 중국에 가고 싶(은데/는데), 아직은 돈이 없어서 못 가요.

_____

2 자주 자전거를 타고 학교에 가(ㄴ데/는데) 비가 와서 오늘 버스로 갑니다.

_____

3 아침에 약을 먹(는데/었는데) 머리가 아직도 아파요.

_____

4 파리가 예쁘(ㄴ데/는데) 길이 복잡해요.

_____

5 매일 공부하(는데/인데) 수화를 아직도 이해할 수 없어요.

_____

6 형주는 배우(은데/인데) 노래도 잘 합니다.

_____

Meaning and usage

The conditional mood

There are several ways to express a conditional or hypothetical situation in Korean. Three of them are -으면/-면, -다면/-라면, and -아도/-어도.

비가 오**면** 등산 안 할 거예요. *(If it rains, we won't go hiking.)*

시험 잘 못 본**다면** 점수 잘 못 받을 거야. *(If I don't do well in this test, I won't get a good score.)*

수업을 들**어도** 내용을 이해하지 못 해요. *(Even if I take classes, I can't understand the content.)*

-으면/면

The first way of forming a conditional phrase is to use -으면/면. -으면/면 is used similarly to *if* or *once* in English. It expresses that if the first condition is met, then the other clause will be true.

How to form -으면/-면

This conditional suffix can attach to a verb stem or descriptive verb/adjective stem. If the stem ends in a consonant, -으면 is used. If it ends in a vowel, use -면. For example, 행복하면 (descriptive verb/adjective) and 가면 (active verb stem) are both possible.

This suffix can be followed by a clause in the present or future tense. Although both forms would be translated into the present tense in English, using the present tense indicates a situation that is largely inevitable or out of the speaker's control. Using the future tense indicates a situation that is decided upon by the speaker.

매일 불량식품만 먹**으면** 건강이 나빠져요. *(If you only eat junk food every day, your health will decline.)*

대학원에 합격하**면** 외국으로 이사할 거예요. *(If/once I am accepted into graduate school, I will move abroad.)*

-으면/-면 can also be used to express a habitual action or state, and the result of that occurrence, almost with a similar meaning as the word *when*.

기분이 우울하**면** 슬픈 영화를 봐요. *(When/if I feel down, I watch sad films.)*

This suffix can be attached to the past or present tense. When used in the past tense, -았으면 or -었으면, it expresses a hope or wish for a future occurrence and is often completed with the phrase 좋겠다.

수업이 일찍 끝났으면 좋겠어요. *(I hope that class will finish early.)*

D Use the correct form of -으면/-면.

1 중국에 가 ＿＿＿ 중국어 공부 더 잘될 거예요.

2 내년에 결혼하 ＿＿＿ 좋겠네요!

3 날씨가 좋았 ＿＿＿ 갈 수 있었을 텐데 아쉽네요.

4 시끄러운 음악을 계속 들 ＿＿＿ 난 나갈 거야.

5 친구한테 연락 오 ＿＿＿ 바로 답장할 거야.

6 우리 엄마가 화나 ＿＿＿ 무서워.

-다면/-라면

-다면/라면 is another way of forming a conditional phrase. We use it to talk about a hypothetical situation that is unlikely or impossible, or that is in contrast to the current state of affairs. However, in many instances, this form can be used interchangeably with -으면/-면 with little difference in meaning. When used in the past tense, it expresses a possible outcome that could have happened, but did not occur.

제가 대통령**이라면** 세금을 줄이겠어요. *(If I were president, I would eliminate taxes.)*

헨리님을 만나지 않**았다면** 영어를 못 배웠을 거예요. *(If I hadn't met Henry, I wouldn't have learnt English.)*

How to form -다면/-라면

The form of -다면/-라면 used depends on whether it is being used with an adjective, verb or noun. The correct forms are given in the table.

		Present	Past
Adjective	비싸다	비싸다면	비쌌다면
	좋다	좋다면	좋았다면
Verb	만나다	만난다면	만났다면
	읽다	읽는다면	읽었다면
Noun	아이	아이라면	아이였다면
	학생	학생이라면	학생이었다면

When used in the present tense, nouns take the suffix -라면 or -이라면, but in the past tense, the suffix is -였다면/이었다면, depending on whether the noun ends in a consonant or vowel.

E Choose the correct form of -다면/-라면.

1 내가 부자(라면/이라면), 요트를 사겠어.
2 제가 축구를 포기(하는다면/한다면/했다면) 선수가 안 됐을 거예요.
3 비행기표가 (싸다면/싼다면) 여행을 하고 싶어요.
4 미리 (알려준다면/알려주다면) 시간 맞출게요!
5 만약에 (필요하다면/필요한다면) 돈 빌려줄게요.
6 날씨가 너무 (춥다면/추운다면) 못 갈 것 같아요.

아/어도

아/어도 is used to express that even if something is the case, the end result will not change. This version of the conditional is used when an action does not or will not change the course of events.

우리가 정류소까지 뛰어가도 버스를 놓칠 거예요.	*(Even if we run to the bus stop, we're going to miss the bus.)*
건강식만 먹어도 살이 쪄요.	*(Even if I only eat healthy food, I still gain weight.)*

How to form 아/어도

1 For verbs or adjectives ending in -하다, -해도 is attached to the end of the stem. For verbs and adjectives that do not end in -하다, either -어도 or -아도 is attached to the end of the stem depending on the final vowel.

아무리 피곤**해도**, 숙제를 다 마무리하고 잘 거야.	*(Even if I am tired, I will finish my homework and then sleep.)*
날씨가 안좋**아도** 내일 나가야 돼요.	*(Even if the weather is bad, I have to go out tomorrow.)*

For verbs in which the stem ends in a vowel, such as 가다 or 오다, only -도 is attached.

택시를 **타도** 늦을 거예요.	*(Even if we take a taxi, we'll be late.)*

Notice the difference between 으면/-면 and 아/어도.

열심히 운동하면, 올림픽에 나갈 수 있어요.	*(If I train hard, I can go to the Olympics.)*
열심히 운동해도, 올림픽에 나갈 수 없어요.	*(Even if I train hard, I can't go to the Olympics.)*

F Change the sentences using -면 to sentences using 아/어도. Remember to change the sentence into the negative if needed.

1 열심히 공부하면, 시험을 잘 볼 수 있어요.

_____.

2 지금 차가 없지만 운전 면허증을 받으면, 차를 살 거예요.

_____.

3 결혼하면 아이를 많이 가지고 싶어요.

_____.

4 할인하는 비행기표가 있으면, 먼 나라로 여행할 거예요.

_____.

5 많이 먹으면 살 찔 거예요.

_____.

6 친구를 많이 사귀면 재밌게 놀 수 있어요.

_____.

Meaning and usage

Adverbs

1   Adverbs modify adjectives and verbs to add emphasis or describe how something happened. In English this might look like the word *happily* or *quickly*. Some Korean adverbs are formed by modifying an adjective.

-게

-게 can be attached to the stem of most Korean adjectives in order to form an adverb. It is similar to the English suffix *-ly*, which serves the same function.

미나가 다리를 다쳐서 크게 소리를 질렀어요.	*(Mina hurt her leg and shouted loudly.)*
오늘밤 늦게 자면 내일 피곤할 거야.	*(If you stay up late tonight, you'll be tired tomorrow.)*
비행기로 여행할 때는 자리에 안전하게 앉으세요.	*(Please sit safely in your seat while travelling on the plane.)*

Non -게 adverbs

Some adjectives do not take the suffix -게 in order to form an adverb. Some adjectives that end in -하다 use -히 to form adverbs instead of adding -게 to the stem. Some adjectives can use either -히 or -게 with little or no change in meaning.

	-게	-히
안전하다 *(to be safe)*	안전하게 *(safely)*	안전히 *(safely)*
조용하다 *(to be quiet)*	조용하게 *(quietly)*	조용히 *(quietly)*

Some other adjectives use an irregular form to create an adverb. The two most common irregular adverbs are 많다 and 빠르다. Note that adjectives in Korean take the form of descriptive verbs (i.e. 행복하다, *to be happy*).

많다 *(to be many)* → 많이 *(many/a lot)*

빠르다 *(to be fast)* → 빨리 *(quickly)*

> 빠르다 *can actually become* 빨리 *or* 빠르게 *when used as an adverb. They are generally interchangeable, but* 빨리 *indicates a conscious choice to do something quickly, whereas* 빠르게 *expresses that the speed is out of one's control.*
>
> | | |
> |---|---|
> | 밥 빨리 먹고 가자. | (Let's eat quickly and go.) |
> | 기차는 빠르게 왔구나. | (The train arrived quickly.) |

G **Change the adjective into an adverb. All the adverbs here use -게.**

1 깨끗하다_____

2 행복하다_____

3 쉽다_____

4 많다_____

5 시끄럽다_____

6 다르다_____

Other adverbs

Some adverbs are not formed from adjectives and are just a part of the adverbial word class. Many of these words are time expressions, like *often* or *never*, and some add emphasis, like *very* or *quite*.

There are some adverbs that are frequently used in conditional sentences to add emphasis. In sentences using -면 or -다면, the adverb 만약 is used to emphasize the conditionality and hypothetical nature of the statement.

만약 돈 많이 벌면 가족이랑 같이 여행할 거예요.

(If I earn a lot of money, I will go on a trip with my family.)

In a similar sense, the adverb 아무리 is used with expressions using 아/어도 to emphasize the decisiveness of the action.

비행기표가 비싸도 내년에는 가족이랑 여행할 거예요.	*(Even if plane tickets are expensive, I will go on a trip with my family next year.)*
비행기표가 **아무리** 비싸도 내년에는 가족이랑 여행할 거예요.	*(No matter how expensive plane tickets are, I will go on a trip with my family next year.)*

Vocabulary

H **Reposition the underlined words so they are where they belong.**

1 이번에 미국으로 <u>비행기</u> 가고 싶어요.

_____.

2 외국에 갈 때 꼭 <u>여행</u>를 가지고 다녀야지 길을 안 잃죠.

_____.

3 프랑스에 <u>표</u>가 많아서 장시간 있어도 심심하지 않아요.

_____.

4 어릴 때 <u>관광객</u> 타보는 게 꿈이었어요.

_____.

5 비행기 <u>구경거리</u>가 비싸서 일찍 사는 게 좋아요.

_____.

6 런던에 사는 사람보다 <u>여권</u>이 더 많은 것 같아요.

_____.

7 외국에 가기 전에 <u>국립 공원</u>을 꼭 준비해야 돼요.

_____.

8 <u>지도</u>와 만나서 여행 계획을 짰어요.

_____.

9 <u>여행사</u>에 가면 자연이 아름다워요.

_____.

I Complete the sentences.

1 내년에는 가족과 함께 멋있는 곳으로 _____ 가고 싶어요.
2 _____가 많은 나라에 놀러가면 볼 게 많아서 좋아요.
3 _____ 을 미리 만들어야 편하게 해외 여행 다닐 수 있어요.
4 계획 세우는 것이 어려워서 _____와 함께 여행 계획을 짜봤어요.
5 국내 여행하면 자연 보러 가는 것이 좋아서 _____ 다 알아봤어요.
6 _____ 이 너무 많으면 구경하는 게 불편할 수 있어요.

J Choose the words related to travel in the following social media post.

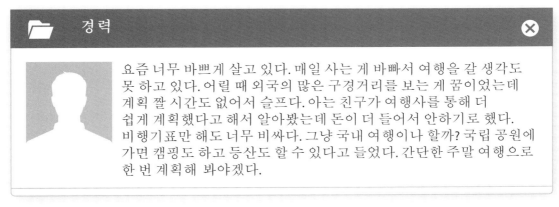

요즘 너무 바쁘게 살고 있다. 매일 사는 게 바빠서 여행을 갈 생각도 못 하고 있다. 어릴 때 외국의 많은 구경거리를 보는 게 꿈이었는데 계획 짤 시간도 없어서 슬프다. 아는 친구가 여행사를 통해 더 쉽게 계획 했다고 해서 알아봤는데 돈이 더 들어서 안하기로 했다. 비행기표만 해도 너무 비싸다. 그냥 국내 여행이나 할까? 국립 공원에 가면 캠핑도 하고 등산도 할 수 있다고 들었다. 간단한 주말 여행으로 한 번 계획해 봐야겠다.

📖 Reading

K Read the introduction to a travel brochure for Seoraksan National Park and answer the question: 글에 따르면 국립공원에 가는 사람들은 어떻게 느낄까요? _____

오늘 즉시 설악산 여행을 계획해 보십시오!

날씨가 선선해지면 산에 단풍이 들고 관광객들이 설악산국립공원에 많이 모입니다. 사람들이 많아도 넓은 공원에 조용한 곳을 찾아서 광경을 평화롭게 구경할 수 있습니다. 단풍을 볼 수 있을 뿐만 아니라, 한국의 야생 동물도 봅니다. 도시 생활에서 벗어나고 자연을 즐겁게 경험하기 위하여 등산객들이 서울, 부산과 한국 전 지역에서 설악산까지 옵니다.

L Now continue reading about travelling to Seoraksan National Park and answer the questions.

서울에서 설악산국립공원까지 3시간쯤 걸립니다. 멀지만 갈 만한 가치가 있습니다. 2호선의 강변역에서 속초 시외 버스 터미널행 버스를 타세요. 속초 시외 버스 터미널에 도착하면 설악산국립공원에 가는 7호 버스로 갈아탑니다. 주말에 가면, 설악산에 가는 관광객들이 많아서 길이 막힐 수도 있어요. 그래서, 일찍 출발하면 좋을 겁니다. 시간이 있다면 금요일 밤에 오고 호텔에 묵어 보시면 어때요? 그러면 아침에 등산을 바로 시작할 수 있습니다.

설악산의 근처에는 볼 만한 곳이 많이 있습니다. 초보 등산객이라도 모든 사람을 위한 등산 코스가 많고 어떤 코스는 한 시간이면 오를 수 있습니다. 등산은 안 하지만 자연을 보고 싶으시면, 케이블카로 편하게 산 정상까지 가도 됩니다. 날씨가 좋으면 산양과 수달같은 야생동물을 볼 수 있어요. 하지만, 날씨가 흐려도 설악산의 아주 아름다운 폭포와 바위가 볼 만합니다.

등산한 후에 배가 고프시면 속초의 수많은 식당에서 맛있게 식사를 하시면 됩니다. 버스터미널 안내 데스크에서 속초 지도를 하나 받고 즐겁게 속초를 구경해 보십시오. 서울로 돌아가면 설악산 여행을 행복하게 기억하시면 좋겠습니다.

즉시		*immediately*
선선하다		*cool (weather)*
야생동물		*wild animal*
호선		*a subway line number*
초보		*a beginner*
산양		*mountain goat*
수달		*otter*
흐리다		*to be cloudy or foggy*

1 어떤 계절에 단풍을 볼 수 있습니까?

_____

2 설악산국립공원에서 할 수 있는 활동을 두 개 써 주세요.

_____

3 설악산은 서울에서 가까이 위치해 있습니까? (네/아니오)

_____

4 설악산까지 시간이 얼마나 걸립니까?

_____

5 설악산에 가면 어떤 교통 수단을 이용합니까?

_____

6 설악산국립공원은 언제 가장 복잡합니까?

_____

 # Writing

M Write an introduction to your hometown for someone who may want to visit. Include the following. (Write 80–100 words)

▶ 어디에 가면 재밌는지 써보세요

▶ 무엇을 먹으면 좋은지에 대해 써보세요

▶ 무엇을 보면 좋은지에 대해 추천해주세요.

_____

_____

_____

_____

_____

_____

_____

_____

_____

_____

Self-check

Tick the box which matches your level of confidence.

    1 = very confident   2 = need more practice   3 = not confident

자신이 다음과 같은 부분들을 얼마나 잘 이해하고 있는지 확인하고 표시하세요.

    1 = 잘 이해하고 있음   2 = 연습이 더 필요함   3 = 이해하지 못함

	1	2	3
Use *but*-type coordination to express contrast.			
Use the conditional mood.			
Use adverbs and create adverbs from adjectives.			
Can understand sentences and frequently used expressions related to areas of most immediate relevance (basic personal or family info, shopping, local geography, employment) (CEFR A2).			
Can write about everyday aspects of his or her environment (people, places, job) (CEFR A2).			

무엇을 좋아합니까? 무엇을 싫어합니까?

What do you like and dislike?

In this unit you will learn how to:

✔ Use *because*-type coordination to express reasons and causes

✔ Use negative sentences to express inability and unwillingness

✔ Write about likes and dislikes

CEFR: Can understand short simple personal letters (A2); Can explain about likes or dislikes (B1).

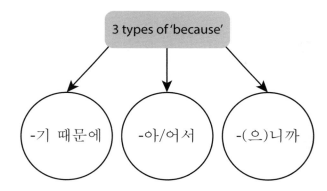

Meaning and usage

Because-type coordination

Because-type coordination links two or more clauses by expressing cause and effect.

There are multiple ways to express causes and give reasons in Korean, with different nuances and implications. Generally, there are three basic ways of creating *because*-type coordination.

학생들 **때문에** 선생님이 화가 났어요.   (*The teacher got angry because of the students.*)

집이 **깨끗해서** 기분이 좋아요.   (*The house is clean, so I'm in a good mood.*)

날씨가 추**우니까** 재킷을 입고 가세요.   (*Because it's cold, wear a jacket when you go out.*)

때문에/-기 때문에

때문에/-기 때문에 is used when there is a clear cause for the following clause.

When using 때문에, the reason appears before the resulting action. This is the opposite order to most English sentences.

시내에 살**기 때문에** 집세가
비싸요.

(*Because I live in the city, the rent is expensive*; or in natural English order, *The rent is expensive because I live in the city.*)

How to form 때문에/-기 때문에

1   When this form of *because*-type coordination follows a noun, 때문에 is used, and when it follows an adjective or verb, -기 때문에 is added to the stem.

Noun	+ 때문에
학생	학생 **때문에**
가족	가족 **때문에**
날씨	날씨 **때문에**
생일	생일 **때문에**

Adj/Verb	+ -기 때문에
피곤하다	피곤하 **기 때문에**
덥다	덥기 **때문에**
배우다	배우기 **때문에**
읽다	읽기 **때문에**

2   When a noun is the reason for the following clause, 때문에 is used on its own. This should not be confused with cases where something happens because something is being a noun, in which case the verb 이다 (*to be*) will still be used.

아기 **때문에** 울었어요.

(*I cried because of the baby* (i.e. something the baby did made you cry).)

아기**이기 때문에** 자주 울어요

(*Because he is a baby, he cries often.*)

Using 때문에 with a noun has taken on a feeling of negativity. When saying, I'm so happy because of you, 때문에 will not be used, because it would feel angry or sarcastic. Instead, the term 덕분에 would be used—this means something closer to thanks to.

너 때문에 화가 나.　　　　　(*I'm so angry because of you.*)
너 덕분에 너무 행복해.　　　　(*I'm so happy because of you.*)

A Choose the correct form of 때문에 **or** -기 때문에.

1 눈 (때문에/-이기 때문에) 길이 미끄러워졌어요.

_____

2 초등학생(때문에/-이기 때문에) 늦게 자면 안 돼요.

_____

3 차가 작(-기 때문에/-이기 때문에) 불편해요.

_____

4 내일 시험을 보(-기 때문에/-이기 때문에) 오늘 밤 공부해야 해요.

_____

5 내일 시간이 없(-기 때문에/-이기 때문에) 오늘 끝내야 해요.

_____

6 친구와의 약속(때문에/-이기 때문에) 내일 못 갈 것 같아요.

_____

아/어서

1 Another form of *because*-type connection is -아/어서. Like 때문에, this affix expresses the reason for a following action or state. It is frequently used in expressions of apology, thanks, or other common phrases. It is similar in meaning to the English words *so*, *since* or *because (of)*, *or* and *then*.

만나서 반갑습니다   *(Nice to meet you.)*
와서 감사합니다.   *(Thank you for coming.)*

How to form 아/어서

1 Like many other affixes, the construction of 아/어서 depends on the final vowel of the verb or adjective stem. If the verb or adjective ends in -하다, the form changes to -해서.

Base form	+ -아/어서
가다	가서
좋아하다	좋아해서
먹다	먹어서
있다	있어서

Verb stems that end in ㅗ, such as 보다 or 오다, form 와, 보다 ⌐ 봐서, 오다 ⌐ 와서.

Base form	+ -아/어서
예쁘다	예뻐서
멀다	멀어서
낮다	낮아서
친절하다	친절해서

2 In cases where a noun is the cause for a following state or action, -이어서 is affixed to the noun.

오늘 내 생일**이어서** 케이크를 많이 먹을 거야. *(It's my birthday today, so I'm going to eat a lot of cake.)*

3 아/어서 also often implies a sequential order of actions. The general understanding is *Having done _____ I then _____.* In this type of sentence, 아/어서 has a looser connection between the cause and effect.

집에 가**서** 밥 먹었어요. *(I went home and ate/I went home and then I ate/Having gone home, I ate.)*

학교에 와**서** 공부만 했어요. *(I came to school and only studied.)*

으니까/니까

1 The final form of *because*-type coordination discussed in this unit is -니까. -니까 expresses the reason or background for doing something. It corresponds to English *because* or *seeing that…*. It expresses a more subjective reason based on the speaker's opinion or experience, or is used when the listener is already aware of the given reason.

비가 오**니까** 내일 꼭 우산 챙겨야겠어요. *(Since it's raining, I will definitely need to bring an umbrella.)*

그렇게 설명하**니까** 알겠어. *(Since you explained it that way, I understand.)*

How to form – 니까

1 -니까 is attached to a verb or adjective that ends in a vowel or in ㄹ. If the verb or adjective stem ends in a consonant, -으니까 is used.

알바가 힘드**니까** 요즘 정말 피곤해요. *(Because my part-time job is difficult, recently I feel tired.)*

김치가 맛있고 건강에 좋으**니까** 자주 먹어요. *(Kimchi is delicious and healthy, so I eat it frequently.)*

Differences between 때문에, -아/어서 and -니까

1 Only -니까 can be used with imperative sentences or suggestions.

날씨가 추우**니까** 재킷을 입으세요. *(It is cold, so wear a jacket.)*

날씨가 추워**서** 재킷을 입으세요. *(incorrect)*

날씨가 춥기 **때문에** 재킷을 입으세요. *(incorrect)*

When speaking about the past, the past tense construction can be affixed before -니까 or 때문에. When using 아/어서, the past tense construction is not used in the first clause, even if the action took place in the past.

길이 막혔기 때문에 늦었어요.   *(I was late because of traffic.)*

길이 막혀서 늦었어요.   *(I was late because of traffic.)*

아/어서 can be used in expressions of thanks or apology. -니까 and 때문에 are not used in these types of expressions.

늦어서 죄송합니다.   *(I'm sorry for being late.)*

늦기 때문에 죄송합니다.   (incorrect)

연락 줘서 고마워요.   *(Thank you for contacting me.)*

연락 줬기 때문에 고마워요.   (incorrect)

 B Change each word using 때문에, **-아/어서 and** -니까.

1 살다 _____

2 공부하다 _____

3 만들다 _____

4 약하다 _____

5 자다 _____

6 싫다 _____

Meaning and usage

Negation

1 Negation refers to making a verb negative, to express that something will not or cannot happen. Korean negation is fairly simple, but there are a few different methods for constructing negative sentences.

돌아올 때 집이 **안** 깨끗하면 문제 있을 거야.   *(If this house isn't clean when I get back, there will be trouble.)*

이 음식은 맛이 없어서 먹**지 않아요**.   *(I don't eat this food because it tastes bad.)*

미안해, 밤에 알바를 해서 오늘**안** 가.   *(Sorry, I have work tonight so I won't go.)*

 C Read the note a mother left for her son. Underline six causative or negative statements.

성진아,
아침에 회의가 있어서 일찍 갔어. 도시락을 준비하지 못해서 미안해. 하지만
식탁에 돈을 놓아두었으니까 점심 사 먹어. 오늘 피아노 수업에 가지? 수업
끝나고 바로 집에 와. 기억해, 오늘 아빠 생일이니까 집에 빨리 와. 아빠는
수영을 좋아해서 바다에 가고 싶지만 날씨가 안 좋아서 못 갈거야. 수업
재미있게 하고 와~
엄마

Short negation: 안 + verb/adjective

The simplest way to create negative sentences is to use 안 before any verb or adjective. No modification is required for the verb or adjective besides the tense or formal ending.

저는 키가 **안** 커요.	*(I am not tall.)*
하나 씨는 파티에 **안** 갔어요.	*(Hannah didn't go to the party.)*

How to form short negation with 안 + verb/adjective

When using 안 with most verbs or adjectives, 안 is placed before the word. However, in the case of -하다 verbs, the construction is noun + -하다, and 안 is therefore placed between the noun and -하다.

이 침대가 안 편해요.	*(This bed is not comfortable.)*
저는 수영을 **안** 해요.	*(I don't swim.)*
저는 안 수영해요.	(incorrect)

Two exceptions to the rule for negatives are 좋아하다 *and* 싫어하다, *as they are comprised of an adjective and* -하다. *Therefore, you would say* 안 좋아해요 *or* 안 싫어해요, *not* 좋아 안 해요 *or* 싫어 안 해요.

Long negation: -지 않다

In English, both *don't* and *do not* are used. One is a longer form but they both mean the same thing. In Korean, there is a longer form of negation that carries the same meaning as 안 + verb/adjective. This form is typically more formal. It is constructed by affixing -지 to the verb stem, followed by 않다.

저는 키가 크**지 않아요**.	*(I am not tall.)*
저는 수영하**지 않아요**.	*(I do not swim.)*

How to form long negation with -지 않다

Attach -지 to the end of the verb stem. When using a -하다 verb, do not split the different parts of the verb.

1 Any affixes that might be attached to the main verb are instead affixed to 않다. This includes past and future tense endings, politeness endings, and other suffixes.

하나씨는 파티에 가**지 않았어요**.	*(Hannah did not go to the party.)*
날씨가 좋**지 않으면** 등산을 안 할 거야.	*(If the weather is not good, we won't go hiking.)*

못 **and** -지 못하다

Another way to express a negative sentence is through using 못 and -지 못하다. This kind of expression states an inability to do something due to an external reason.

수영을 **못** 해요.   *(I can't swim.)*

수영하**지 못해요.**   *(I can't swim.)*

1 When using this form with short negation, 못 is used in the same way as 안 was used in the previous examples. With -하다 verbs, 못 appears in between the conjoined noun and verb.

2 When using this form with long negation, -지 못하다 affixes in the same manner as -지 않다. Once again, tense, politeness and other suffixes are attached to 못하다, not the main verb.

    매운 음식을 먹**지 못해서** 한국   *(I can't eat spicy food, so living in Korea*
    생활이 조금 힘들어요.   *is difficult.)*

3 못하다 expresses the inability to do something due to an external cause, unlike 않다, which expresses that you will not or do not do something but that you could if you wanted to.

    영화를 **못** 봐요   *(I can't see the film (either because something is in the*
                            way, or you are too busy to watch a film right now.)

    영화를 **안** 봐요.   *(I don't watch films.)*

4 못하다 differs from the construction -을 수 없다. -을 수 없다 implies physical inability to a greater degree than 못하다, and implies that this inability is unlikely to change in the future.

    저는 축구를 하**지 못해요.**   *(I can't play football (i.e. I don't know how, but maybe I*
                                 could learn).)

    저는 축구를 **할 수 없어요.**   *(I am unable to play football (i.e. something is*
                                  preventing me from playing football, such as an injury).)

 D Write both the long and short negations for the words.

1 일하다

_____.

2 읽다

_____.

3 재미있다

_____.

4 싫어하다

_____.

5 다르다

_____.

6 건강하다

_____.

 을 수 없다 *does not inherently imply that an inability is permanent, but that within the given context it is not currently possible.*

E Create a negative sentence using the prompts.

1 나/고향/덥다/거기/살다.

_____.

2 내 친구/김치/맵다/먹다.

_____.

3 우리 엄마/영어/어렵다/배우다.

_____.

4 영국/비/오다/밖에서/놀다.

_____.

5 한국드라마/재밌다/미국드라마/보다.

_____.

6 엄마/바쁘다/오늘/일하다.

_____.

Vocabulary

F Choose the correct word in the sentences.

1 내 **취향/여가** 시간은 친구와 달라요.
2 내년에 나는 프랑스에 **여행/활동** 갈 예정이에요.
3 메아리는 양식을 **선호해요/즐거워요**.
4 어린이 날이라서 내일은 **휴가/취미예요**
5 운동이 힘들어서 정말 **싫어해요/취미예요.**
6 저는 영화 보는 게 **지루해요/휴가예요.**

G Match the words with the definitions.

1	취향	a	잠시 일이나 업무를 쉬는 기간
2	즐기다	b	재미있고 좋아하다
3	선호하다	c	재미로 하는 움직임이나 행동
4	여가 시간	d	재미로 하는 활동
5	휴가	e	즐겁게 계속하다
6	여행	f	바쁘지 않은 시간
7	즐겁다	g	자기가 좋아하는 것들
8	취미	h	다른 것보다 더 좋아하다
9	활동	i	다른 곳에 놀러 가는 것
10	지루하다	j	좋아하지 않는 것
11	싫어하다	k	재미없다고 느끼는 것

H Complete the sentences.

1 저는 짜고 매운 음식보다 고소한 맛을 _____.
2 그 사람의 _____는 다 운동에 관련된 것들입니다.
3 한국 음식이 내 _____에 정말 잘 맞아.
4 나는 다른 나라에 _____ 가는 게 너무 좋아.
5 군대에서 _____ 나와서 친구들과 맛있는 것 먹었어요.
6 그 사람은 공부하는 것을 정말 _____.

I Mark whether the word in bold fits into the sentence.

1 나는 내년에 꼭 **활동** 가고 싶다.   Fits / Does not fit
2 내가 좋아하는 **취미**는 축구와 여러가지 스포츠예요.   Fits / Does not fit
3 저는 **여가 시간**에 친구 만나는 것을 좋아해요.   Fits / Does not fit
4 그 드라마 보니까 너무 **즐겁다.**   Fits / Does not fit
5 나는 미국 음식보다 한국 음식을 **즐겁다.**   Fits / Does not fit
6 일 년에 한 번씩 **취향** 있어.   Fits / Does not fit

📖 Reading

J Read the letter from your friend Nia about her recent holiday and answer the question:
니아는 어디에 갔습니까? _____

안녕 친구야~,

오랜만이지? 어제 나는 부산에서 돌아왔어! 한국 여행이 처음이어서 너무 재미있었어. 멋있고 좋은 일들이 많이 있었는데 조금 좋지 않은 것도 있었어. 이 주 동안 못 봐서 진짜 보고 싶었어 ㅠㅠ

K Now continue reading about what Nia did and didn't like on her holiday.

비행기를 오래 타서 너무 불편했어. 나는 원래 비행기 타는 것을 좋아하지만 이번엔 진짜 힘들었고 비행기가 덜커덩하고 움직여서 잠을 자지 못 했어. 그래서 부산에 도착하고 정말 피곤해서 호텔에 가서 바로 잤어. 나는 원래 호텔에서 자면 잠이 잘 안 오더라고. 낯설어서 그런가 봐.

다음 날에 우리 가족은 국제 시장에 갔어. 국제 시장 알아? 영화에도 나왔어. 처음 보는 음식이 엄청 많았어! 맛있는 음식을 많이 먹었어. 예를 들어, 꽈배기를 처음으로 먹어 봤어. 이 과자는 달콤하고 쫄깃쫄깃해서 맛있었어. 부산에는 회도 유명해서 먹어 봤지만 나는 맛이 없었어. 회의 미끄러운 느낌을 싫어하거든. 미끄러워서 맛이 없게 느껴져.

국제 시장에 간 후에 우리는 해운대 바다에 갔어. 물이 맑고 예뻐서 진짜 좋았어. 하지만 사람이 많아서 조금 복잡했어. 엄마가 상어를 무서워 해서 수영을 안 했지만 나는 상어는 한 마리도 못 봤어. 부산의 바다에 상어가 있을까? 난 몰라. 왜 엄마가 그렇게 무서워 했는지 모르겠어.

그 주에 미술관에도 갔고 쇼핑도 즐겁게 했어. 내가 가장 좋아하는 곳은 예쁜 산이었어. 다른 곳에도 많이 갔지만 편지로 잘 설명하지 못 하겠어. 그래서 우리 이번 주에 만날 수 있으면 좋겠어! 만나서 더 많은 얘기 해줄 수 있을 것 같아. 다음에는 함께 여행 갈 수 있으면 재밌겠네.

V		
덜커덩하다		*to be bumpy*
낯설다		*to be unfamiliar*
쫄깃쫄깃하다		*to be chewy*
미끄럽다		*to be slippery*
맑다		*to be clear*
상어		*shark*

1 니아는 그 곳에 자주 갑니까?

_____.

2 니아는 얼마동안 여행했습니까?

_____.

3 니아는 왜 비행기에서 못 잤습니까?

_____.

4 니아가 좋아하는 음식은 무엇입니까? 싫어하는 음식은?

_____.

5 니아의 가족은 어느 관광지에 갔습니까? 3개 써 주세요.

_____.

 # Writing

L Write a letter to your friend about a recent experience you had travelling. Include the following. (Write 80–100 words)

▶ 무엇을 좋아했습니까?

▶ 무엇을 싫어했습니까?

▶ 다시 보고 싶은 것이 있었습니까?

_____

_____

_____

_____

_____

_____

_____

_____

Self-check

Tick the box which matches your level of confidence.

1 = very confident   2 = need more practice   3 = not confident

자신이 다음과 같은 부분들을 얼마나 잘 이해하고 있는지 확인하고 표시하세요.

1 = 잘 이해하고 있음   2 = 연습이 더 필요함   3 = 이해하지 못함

	1	2	3
Use *because*-type coordination to express reasons and causes.			
Use negative sentences to express inability and unwillingness.			
Write about likes and dislikes.			
Can understand short simple personal letters (CEFR A2).			
Can explain about likes or dislikes (CEFR B1).			

9 사장님께 이메일을 써야 돼요
Please send an email to the manager

In this unit you will learn how to:

✓ Use relative clauses in the present, past and future tenses

✓ Use command phrases

CEFR: Can scan longer text in order to locate desired information and understand relevant information in everyday material, such as letters, brochures and short official documents (B1); Can give detailed instructions (B1).

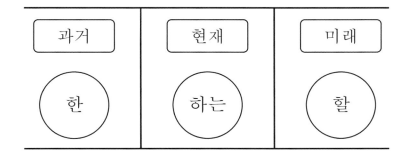

Meaning and usage

Relative clauses

Sometimes verbs are used to modify nouns. A clause that involves a noun that is modified by a verb is called a relative clause. In English, you can spot relative clauses by the use of *who*, *that*, and *which*. Some examples of a relative clause include *A man that studies well*, *a fish that swims quickly*, and *the coffee that I was drinking this morning*.

These relative clauses are used with the past, present and future tenses.

열심히 **공부하는 학생**들은 좋은 대학에 갑니다.   *(Students that study diligently go to good universities.)*

제일 많이 **먹은 사람**이 돈 냈어요.   *(The person that ate the most paid the bill.)*

나중에 **벌 돈** 생각하면 행복합니다.   *(When I think about the money that I will make later, I'm happy.)*

Present tense (-는)

1 In the present tense, to create a relative clause the verb we are using to describe something is identified first.

*The people that **buy** the meal.*

*The apple I'm **eating** for breakfast.*

*The money he **spends** every afternoon.*

2 If the verb is in the present tense, the 다 is removed and 는 is added.

Verb	Modified verb
하다 (to do)	하는
보다 (to see)	보는
읽다 (to read)	읽는
사다 (to buy)	사는

3 This modified verb is then placed in front of the noun it describes in Korean.

밥값을 **내는** 사람들   (The **people that pay** for the meal.)

내가 아침으로 **먹는** 사과   (The **apple I'm eating** for breakfast.)

그가 매일 오후에 **쓰는** 돈   (The **money he spends** every afternoon.)

4 The relative clauses are then put in context as either subjects or objects.

밥값을 내는 사람들은 부담을 느낀다.

(The people that pay for the meal feel pressure.)

내가 **아침으로 먹는 사과**는 빨간색이다.

(The apple I'm eating for breakfast is red.)

난 그가 매일 **오후에 쓰는 돈**에 대해 생각했다.

(I thought about the money he spends every afternoon.)

A Form the present tense relative form of the verbs.

   1 하다 _____
   2 읽다 _____
   3 먹다 _____
   4 있다 _____
   5 없다 _____
   6 가다 _____

 B Underline the relative clause in each sentence.

   1 가장 열심히 공부하는 학생들이 시험을 잘 볼 거예요.
   2 누가 내 점심을 먹었어요? 파란색 바지를 입고 있는 여자가 먹었어요.
   3 수미가 읽는 책은 재미없어요.
   4 내가 먹는 사과 안에는 벌레가 있어요.
   5 내가 생각하는 아이디어를 말해 줄게요.
   6 지금 가는 식당은 어디에 있어요?

Past tense (-ㄴ/-은)

1 Relative clauses in the past tense work the same as they do in the present tense. Remember, it is the tense of the verb in the relative clause that matters, not the tense of the final verb of the sentence.

밥값을 낸 **사람들**은 부담을 느낀다.

(The people that paid for the meal feel pressure.)

내가 **아침으로 먹은 사과**는 빨간색이다.

(The apple I ate for breakfast is red.)

난 그가 매일 **오후에 쓴 돈**에 대해 생각했다.

(I thought about the money he spent every afternoon.)

2 If the verb is in the past tense, the 다 is removed and ㄴ is added to a vowel or 은 to a consonant.

Verb	Modified verb
하다 *(to do)*	한
보다 *(to see)*	본
읽다 *(to read)*	읽은
사다 *(to buy)*	산

3 The same process is followed as for present tense relative clauses.

음식을 **산** 사람들은 방금 갔다.

(The people that bought the food just left.)

내가 지난주에 **읽은** 책은 아주 흥미롭다.

(The book I read last week is very interesting.)

C **Use the dictionary form of the verb as shown below to form the past tense relative form verb.**

1 하다 _____
2 읽다 _____
3 먹다 _____
4 있다 _____
5 없다 _____
6 가다 _____

Future tense (-ㄹ/-을)

1 Relative clauses in the future tense work the same as in the present and past tenses. It is the tense of the verb in the relative clause that matters, not the tense of the final verb of the sentence.

밥값을 낼 사람들은 부담을 느낀다.

(The people that will pay for the meal feel pressure.)

내가 **아침으로 먹을 사과**는 빨간색이다.

(The apple I will eat for breakfast is red.)

난 그가 매일 **오후에 쓸 돈**에 대해 생각했다.

(I thought about the money he will spend every afternoon.)

2 If the verb is in the future tense, the 다 is removed and ㄹ added (to a vowel) or 을 (to a consonant). The following are verbs that have been changed in this way:

Verb	Modified verb
하다 *(to do)*	할
보다 *(to see)*	볼
읽다 *(to read)*	읽을
사다 *(to buy)*	살

3 The same process is followed as for present tense relative clauses.

내가 내일 **쓸** 물건을 가방에 넣었다.

(I put the things I will use tomorrow in my rucksack.)

그녀가 내일 **보낼** 메세지를 나한테 보여줬다.

(She showed me the message she will send tomorrow.)

4 When a verb stem ends in ㄹ, the ㄹ will be removed before the verb is modified.

Verb	Modified verb
알다 *(to know)*	아는/안/알
살다 *(to live)*	사는/산/살
팔다 *(to sell)*	파는/판/팔

D Choose the correct forms of the verbs.

1 할/하를 일
2 멀/먹을 음식
3 들/들을 음악
4 살/살을 도시
5 만날/만날을 친구
6 만들/만들을 음식

 Remember which suffix goes with which tense: -는 for present, -ㄴ for past, and -ㄹ for future. Look at the three sentences below that have similar meanings but different tenses.

내가 읽는 책은 어려워요. (The book I am reading is hard.)
내가 읽은 책은 어려워요. (The book I read is hard.)
내가 읽을 책은 어려워요. (The book I will read is hard.)

E Choose the relative clause in the sentence.

1 저희는 양말 만드는 회사입니다.
2 대표님은 미국에서 온 사람입니다.
3 이메일에 내일 상의할 내용이 들어갔습니다.
4 모임에 참여할 사람들을 지목했습니다.
5 이메일로 보낼 내용을 알려 줬어요.
6 내가 내린 지시를 잘 따랐어.

F Reorder the words to form phrases with relative clauses. Include the proper markers and conjugations.

1 가게 팔다 과일

_____.

2 만들다 아저씨 옷

_____.

3 모르다 나 사람

_____.

4 하다 일 직원

_____.

5 아빠 다니다 회사

_____.

6 나 사람 고용하다

_____.

Meaning and usage

Command phrases

In Korean, there is a particular grammatical form used when making a command. This is known as a command phrase.

사장님한테 이메일 **보내세요**.	(**Send** an email to the manager.)
우리 회사에 대해 **설명하세요**.	(**Explain** about our company.)
사장님이 보낸 메시지를 **읽으세요**.	(**Read** the message the manager sent.)

How to form command phrases

1 To make this form, simply add -세요/-으세요 to the verb stem. This is a respectful form, marked by the 세.

2 -세요 is attached to verb stems which end in vowels, while -으세요 is attached to verb stems which end in consonants.

Verb	Command form
받다 (to receive)	받으세요
주다 (to give)	주세요
사다 (to buy)	사세요

G Rewrite the following sentences with the command phrase.

1 저기 소금을 줘요. _____

2 오늘 가게에 가면 요거트를 사요. _____

3 카페 안에서 점심을 먹어요. _____

4 도서관에서 조용히 이야기해요. _____

5 손님을 좌석에 안내해요. _____

6 지금 계산해요. _____

H Underline the following parts of each sentence.

1 (a relative clause)
우리 아빠가 다니는 회사에 사람이 많이 없어요.

2 (a command)
대표님한테 빨리 이메일 보내세요.

3 (a relative clause)
내일 할 숙제를 지금부터 시작하면 좋겠어요.

4 (a command)
몇 시에 올지 말하세요.

5 (a relative clause)
우리가 먹는 음식이 진짜 맛있어요.

6 (a command)
열심히 하세요.

Vocabulary

I Match the following with the correct sentence.

1 이메일 주소	a	그 회사는 뭘 _____?	
2 확인하다	b	그 회사 _____은 돈이 정말 많아.	
3 사장님	c	우리 _____이 잘 해줘서 주말에 출근 절대 안해.	
4 직원	d	_____을 계획 잘해서 만들어야 돼.	
5 대표님	e	난 그 사람의 _____가 없어서 메일 못 보냈어.	
6 전달하다	f	그 회사는 _____ 이 정말 많아서 이름 다 못 외워.	
7 물품	g	핸드폰이나 컴퓨터 같은 _____ 파는 가게야.	
8 전자 제품	h	_____이 퀄리티가 좋으면 더 많이 팔지.	
9 예산	i	메일 받으면 사장님한테도 _____.	
10 팔다	j	아침에 내가 보낸 메일 _____?	

J Find the odd one out.

1 메일	보내다	직원	확인하다
2 예산	가격	팔다	중요하다
3 사장님	대표님	물품	직원
4 메일	주소	전달하다	전자 제품
5 전하다	전달하다	보내다	받다
6 사다	돈 내다	구매하다	팔다

K Complete the sentences.

1 오전에 메일 _____ 했어요?
2 우리 회사 _____ 돈 많이 벌지만 일반 직원들한테 잘 해줘요.
3 핸드폰이나 컴퓨터 같은 _____ 들은 원래 _____이 더 비싸요.
4 어디 회사 _____이에요?
5 메일 받고 바로 사장님한테 _____했어요.
6 _____ 을 많이 팔아야 돈 벌 수 있어요.

📖 Reading

L Read the first email in the chain between an employer and employee and answer the question: 메일은 무엇에 대해 썼나요? _____

보내는 사람:	김중환
받는 사람:	이상민
주제:	예산 관련

물품 가격에 대해

상민 씨에게

예산에 대한 이메일 잘 받았어요. 가게 직원들한테 물품 가격에 대해 다시 한 번 확인해 보세요. 우리 회사가 파는 전자 제품이 원래 저렴한 편인데 가게에서 가격 올리면 안그래 보이거든요. 가게 사장님한테 물어 보세요. 물어 보고 답장이 오면 나한테도 전달해 주세요.

고마워요.

M Read the next email and answer the questions.

보내는 사람:	이상민
받는 사람:	김중환
주제:	예산 관련

대표님 안녕하세요?

부탁하신 부분에 대해 다 알아봤습니다. 전자 제품을 파는 가게에서 가격을 올리고 있었습니다. 그 지역에 전자 제품을 사는 사람이 많아서 가격 올려도 잘 팔린다고 했어요. 거기 사장님 이메일 주소를 문자로 보내드리겠습니다. 중요한 문제인데 빨리 해결해야 할 것 같네요.

한 번 확인해주시고 또 필요하신 것 있으시면 알려주세요!
--
상민 씨-

확인해 줘서 고마워요. 그 지역에 전자 제품이 그렇게 잘 팔리고 있는지 몰랐어요. 많이 팔리면 우리한테도 그 가게한테도 다 좋은 일이니 큰 문제는 없어 보이네요. 다만 걱정되는 부분이 하나 있어요. 가게에서 우리와 상의없이 마음대로 가격을 조정하면 나중에 문제가 생길 수도 있을 것 같아요. 상민 씨가 그쪽 사장님과 이제 알게 돼서 앞으로 쭉 계속 한 번씩 연락했으면 좋겠네요.

그렇게 해줄 수 있어요?

고마워요.
--
대표님 안녕하세요?

네, 잘 알겠습니다. 제가 그러면 계속해서 가게 사장님과 한 번씩 연락하겠습니다. 혹시 가격 바꿀 일이 있으면 우리한테도 알려주면 좋겠다고 말씀 드려보겠습니다. 혹시 그런 일이 생기면 대표님께도 연락 드리겠습니다.

그럼 오늘 하루도 행복하게 보내시길 바랍니다.

1 왜 가격을 올린다고 했나요?

_____.

2 회사에서 어떤 물품을 판다고 했나요?

_____.

3 대표님이 누구의 메일 주소를 받았나요?

_____.

4 대표님이 상민 씨에게 어떤 일을 부탁했나요?

_____.

5 상민 씨가 어떻게 하겠다고 말씀드렸나요?

_____.

V		
저렴하다	*to be inexpensive*	
편	*more on the side of*	
올리다	*to raise*	
팔리다	*to be sold*	
문자	*text message*	
상의	*discussion*	

Writing

N   Write an email as if you were the CEO of a small company. Include the following.
(Write 80–100 words)

▶ 어떤 회사인지 설명하세요.

▶ 어떤 물품이나 서비스를 팔고 있는지 써보세요.

▶ 직원한테 쓰는 메일이면 문제에 대한 도움을 구해보세요.

_____

_____

_____

_____

_____

_____

_____

_____

_____

_____

Self-check

Tick the box which matches your level of confidence.

1 = very confident   2 = need more practice   3 = not confident

자신이 다음과 같은 부분들을 얼마나 잘 이해하고 있는지 확인하고 표시하세요.

1 = 잘 이해하고 있음   2 = 연습이 더 필요함   3 = 이해하지 못함

	1	2	3
Use relative clauses in the present, past and future tenses.			
Use command phrases.			
Can scan longer text in order to locate desired information and understand relevant information in everyday material, such as letters, brochures and short official documents (CEFR B1).			
Can give detailed instructions (CEFR B1).			

10 집에 오신 것을 환영합니다!
Welcome home!

In this unit you will learn how to:

- ✔ Use auxiliary verbs
- ✔ Use instrumental particles

CEFR: Can scan longer text in order to locate desired information and understand relevant information in everyday material, such as letters, brochures and short official documents (B1); Can write accounts of experiences, describing feelings and reactions in simple connected text (A2).

Stem + 아/어 + Auxiliary verb

Meaning and usage

Auxiliary verbs

Sometimes in Korean a verb is attached to another verb to express a specific meaning or feeling. These extra verbs are called auxiliary verbs. For example, in English the word *can* can be added to another verb, like *run*, to change the meaning of a sentence.

Auxiliary verbs can express many different meanings. This unit examines two main auxiliary verbs: 주다 and 보다.

지나가 동생 생일에 맛있는 음식을 요리해 **주었습니다.**	(*Jina cooked delicious food* (for others) *on her younger sibling's birthday.*)
진희가 영어 동아리 모임에 가 **보았습니다.**	(*Jinhee went* (for the first time/to see what it was like) *to an English club meeting.*)

주다 **softener**

1 주다 means *to give*, but it can be attached to verbs to soften a command or request, almost like saying *please* in English.

사장님한테 이메일 보내세요.	(*Send an email to the manager.*)
사장님한테 이메일 **보내주세요**	(*Please send an email to the manager.*)
우리 회사에 대해 설명하세요.	(*Explain about our company.*)
우리 회사에 대해 **설명해주세요.**	(*Please explain about our company.*)

사장님이 보낸 메시지를 읽으세요.　　(*Read the message the manager sent.*)
사장님이 보낸 메시지를 **읽어주세요**.　　(*Please read the message the manager sent.*)

How to form the 주다 softener

1 To use this softener, the verb stem needs to be considered. If the verb stem's final vowel is an ㅏ or ㅗ, -아주세요 is added. If the verb stem's final vowel is an ㅓ, ㅜ, or ㅣ, -어주세요 is added. If the verb is a 하다 verb, 하 is replaced with -해주세요.

Verb	Softened command form
적다 (*to write*)	적어주세요
전하다 (*to pass along*)	전해주세요
놓다 (*to put or place*)	놓아주세요

A Rewrite the sentences with the 주다 softener.

1 오늘 가게에 가면 요거트를 사요.

_____

2 어제 누가 이겼는 지 알려요.

_____

3 제가 설명하면 들어요.

_____

4 손님을 좌석에 안내해요.

_____

5 좋은 노래를 불러요.

_____

6 어떻게 하는지 가르쳐요.

_____

보다 softener

1 보다 means *to see*, but it can be attached to verbs to soften a command or request, or to mean *to try*.

사장님한테 이메일 보내세요.　　(*Send an email to the manager.*)
사장님한테 이메일 **보내보세요**　　(*Try sending an email to the manager.*)
우리 회사에 대해 설명하세요.　　(*Explain about our company.*)
우리 회사에 대해 **설명해보세요**.　　(*Try explaining about our company.*)
사장님이 보낸 메시지를 읽으세요.　　(*Read the message the manager sent.*)
사장님이 보낸 메시지를 **읽어보세요**.　　(*Try reading the message the manager sent.*)

How to form the 보다 softener

1 To use this softener, the verb stem is considered first. If the verb stem's final vowel is an ㅏ or ㅗ, -아주세요 is added. If the verb stem's final vowel is an ㅓ, ㅜ, or ㅣ, -어주세요 is added. If the verb is a 하다 verb, 하 is replaced with -해주세요.

Verb	Softened command form
적다 (to write)	적어보세요
전하다 (to pass along)	전해보세요
놓다 (to put or place)	놓아보세요

B Rewrite the following sentences with the 보다 softener.

1 제가 설명할 것을 적어요.

_____

2 마리아가 만든 음식을 먹어요.

_____

3 제가 말한 것을 마크에게 전해요.

_____

4 직진을 해요.

_____

5 선생님께 인사해요.

_____

6 내가 하는 말을 들어요.

_____

Spelling exceptions for softeners

1 If a verb stem ends in ㅏ already, rather than adding another 아, it is left as before adding the softener (사다, 사주세요, 사보세요).
2 If a verb stem ends in ㅓ already, rather than adding another 어, it is left as before adding the softener (서다, 서주세요, 서보세요).
3 If a verb stem ends in a ㅣ, with no consonant following, rather than adding a 어, it is made into ㅕ before adding the softener (알리다, 알려주세요, 알려보세요).
4 If a verb stem ends in a ㅡ, and there is no consonant following, it is followed with ㅓ. If it ends in ㅡ with a consonant following, 어 is added (쓰다, 써주세요, 써보세요; 만들다, 만들어주세요, 만들어보세요).

 C Write the Korean verb as it would appear in the sentence. Use the appropriate softener.

1 Hi Jessica, please forward this to Sangmin. (전달하다)

_____.

2 Go to school. (가다)

_____.

3 Try putting the desk in the other room. (놓다)

_____.

4 Give us two orders of rice. (주다)

_____.

5 Try to say that in Korean. (말하다)

_____.

6 Please find the manager. (찾다)

_____.

Usually, in both speech and writing, abbreviations are used for these auxiliary verbs when they are followed by a vowel, as in the past tense. For example, instead of writing 해주었어요, you typically write 해줬어요. The same is true for 해보았어요, which will typically be written as 해봤어요.

4   Other examples of auxiliary verbs.

Various verbs can be used as auxiliary verbs to add new meanings to the main verb:

버리다	*to throw away*
내다	*to spend or send something*
놓다	*to put something down*

너무 화 나서 생각도 없이 그 사람에게 욕해 **버렸어요**

(I was so angry that without even thinking I swore (ended up swearing, swore without much thought) *at that person.)*

어렵지만 계속 노력하면 좋은 성과를 만들어 낼 **것입니다.**

(It's difficult, but if you keep trying you will achieve (manage to achieve, the act of achieving) *a good result.)*

우리가 3시까지 간다고 말해 **놓겠습니다.**

(I will tell them (in advance) *that we will be there by three o'clock.)*

To form each of these auxiliary verbs, first examine the main verb stem, and then follow the same rules that have been followed up to this point with -주다 and -보다.

Auxiliary verbs in Korean are important because they add needed context to the meaning of each verb. It is very different to say 했어, 해버렸어 or 해냈어. Often instead of explaining more about the context or way in which a specific verb was performed, an auxiliary verb is added.

D Underline the part of each sentence where the auxiliary verb could be added.

1 어제 오빠가 아침 식사를 만들었습니다. (주다)
2 잘은 못하지만 노력하겠습니다. (보다)
3 우리 회사 대리님이 대신 하기로 했습니다. (주다)
4 빨리 그냥 가고 싶습니다. (버리다)
5 오랫동안 하려고 했던 일을 드디어 했습니다. (내다)
6 아이들이 집에 오기 전에 밥을 만들었습니다. (놓다)

E Modify the verbs with the softener shown.

1 사다 *(to buy)*   주다 _____
2 읽다 *(to read)*   보다 _____
3 공부하다 *(to study)*   놓다 _____
4 극복하다 *(to overcome)*   내다 _____
5 말하다 *(to speak)*   버리다 _____
6 되다 *(to be ready)*   가다 _____

Meaning and usage

-로/-로서 particles

1 In Korean, the -로/-로서 particles are used to express words like *with*, *by*, or *as*. -로 means *by* or *with*, and -로서 means *as*.

요즘 거의 모든 사람이 컴퓨터**로** 일합니다.	*(Lately almost everyone works with (using) computers.)*
매일 아침에 기차**로** 런던에 가요.	*(Every morning I go by bus to London.)*
대학생으**로서** 수업도 듣지만 혼자서도 공부해야 됩니다.	*(As a university student, I have classes, but I also have to study on my own.)*

-로/-로서 are attached to nouns which end in vowels, while -으로/-으로서 are attached to nouns which end in consonants.

The exception is the ㄹ consonant, which is followed by -로/-로서:

Noun	Noun + particle
연필 *(pencil)*	연필로/연필로서
선생님 *(teacher)*	선생님으로/선생님으로서
핸드폰 *(mobile phone)*	핸드폰으로/핸드폰으로서
메세지 *(message)*	메세지로/메세지로서

F Complete the sentences to match the English.

1 난 보통 내가 직접 만든 김치____ 요리한다.
I usually cook with the kimchi I personally make.

2 이 주제를 공부한 사람____ 가르쳐 줄게요.
As someone who has studied this topic, I will teach you.

3 이메일____ 정보 보내줄 수 있어?
Would you send me the information by email?

4 싸우지 말고 말____ 해결해.
Don't fight, solve it with words.

5 이 식당 사장님____ 손님 말을 들어야 되는 것 아니에요?
As the manager of this restaurant, shouldn't you listen to the customers?

6 한국 사람들은 주로 한국말____ 말하죠.
Usually Korean people speak in Korean.

Vocabulary

G Find the odd one out.

1 아파트	원룸	고시원	독립하다
2 집주인	오피스텔	룸메이트	세입자
3 월세	전세	기숙사	렌트
4 집	아파트	주택	자동차
5 부엌	화장실	안방	바닥
6 지붕	바닥	벽	옆집

H Use the words in the order provided to create sentences with the correct particles and structures.

1 나/학생/시절/고시원/살다.

_____

2 진희/학교/기숙사/들어가다.

_____

3 미국 사람/성인/되다/독립하다.

_____

4 우리/동네/주택/많이/없다.

_____

5 원룸/살다/집주인/따로/있다.

_____

6 매달/월세/내다/힘들다.

_____

I Complete the messaging between Paul and Minsu.

1 바울: 민수 씨 안녕하세요. 이 _____에 사세요?

2 민수: 네 안녕하세요 바울 씨. 내 근처 _____에 살고 있어요.

3 바울: 아 어떤 아파트예요? 저는 아파트 말고 _____에 살아요.

4 민수: 넓고 좋겠네요. 저는 사실 집이 아파트가 아니고 공부하는 학생을 위한 _____이에요.

5 바울: 아 고시원이 _____랑 비슷하나요? 둘 다 방 하나 밖에 없죠?

6 민수: 같은 건지 잘 모르겠어요. 저는 아는 사람이 _____이어서 소개로 들어왔어요.
바울: 아 집주인 알면 문제 없겠네요. 좋겠어요.

📖 Reading

J Read the beginning of the student's blog post below and answer the question.
글 쓴 사람이 학생 생활의 어떤 부분에 대해 신경 썼나요? _____

일상 블로그

나는 공부하러 대학교에 왔지만 4년 동안 공부보다 숙소에 더 신경 쓴 느낌이다. 처음에 기숙사에 살았지만 나중에 나가서 살고 싶었다.

K Continue reading and answer the remaining questions.

일상 블로그

기숙사에 있는 것보다 밖에서 룸메이트와 함께 살아보는 게 더 재미있을 것
같았다. 왜냐하면 기숙사에 있으면 공간도 너무 좁고 근처에 먹을 데도 많이
없었기 때문이다. 근데 학교 근처에 있는 집이 다 꽤 비싸서 찾기가 쉽지는 않았다.
학교 시작하기 전에 알바해서 돈을 모았지만 그래도 돈이 많은 편은 아니었다.
학생으로서 전세는 당연히 안되고 보통 월세 내고 사는 경우가 많다. 그래서 월세가
저렴한 원룸을 하나 구했다. 알바하면서 학교에 다니면 큰 문제 없이 월세를 낼
수 있을 것 같았다. 하지만 집주인이 계속 힘들게 해서 반 년만 살고 나왔다. 자꾸
집에 와서 청소하라고 잔소리하고 밤에 조용히 있는데도 와서 너무 시끄럽다고
그래서 너무 짜증났다. 하지만 다른 곳을 찾을 시간이 없어서 일단 작은 고시원에
들어가 버렸다. 고시원은 항상 빈 방이 있어서 금방 찾을 수 있었다. 고시원이 많이
불편했지만 참고 살았다. 고시원은 사실 학교 기숙사보다 더 좁고 이상한 사람들도
좀 많이 살았다. 나는 공부해야 돼서 고시원에 있어도 괜찮을 거라고 생각했다.
하지만 불편한 곳에 사니까 집중이 잘 안되고 공부가 힘들어졌다. 3학년 때부터
아는 친구 가족과 살기로 했다. 큰 주택에 살았는데 남는 방이 있었던 것이다. 친구
가족과 함께 지내는 게 제일 마음 편하고 공부하기가 좋았다. 친구 엄마가 그냥 돈
안내고 살아도 된다고 했지만 그렇게 하는 것이 불편해서 매달 월세를 냈다. 마음
편한 곳에서 좋은 사람들과 함께 지내니까 많이 행복해졌다. 물론 모든 사람마다
조건이 달라서 원하는 게 다를 수 있지만 나한테는 친구 집이 제일 좋았다. 나한테
숙소에 대한 조언을 구하면 이렇게 말할 것이다. 조금 더 비싸더라도 집중할 수 있는
곳으로 가는 게 학생한테 좋은 것 같다.

V	밖에	this can mean outside as in outside campus
	근처	in the surrounding area
	꽤	fairly, quite
	경우	situation in which something happens
	자꾸	to do something continually or unceasingly
	짜증나다	to be annoyed
	조건	conditions

1 글 쓴 사람이 어떤 숙소에서 살아봤나요?

_____

2 글 쓴 사람은 숙소에 대한 어떤 문제들을 겪어봤나요?

_____

3 글 쓴 사람이 친구 가족의 집에 언제 들어갔나요?

_____

4 학생이 숙소를 정할 때 어떤 부분들을 고려하는 게 중요하나요?

_____

5 글 쓴 사람은 친구 집에 있는 게 왜 좋다고 했나요?

_____

6 글 쓴 사람은 다른 학생들한테 어떻게 하는 것을 추천했나요?

_____

Writing

L Imagine you are a university student. Write a social media post about the places you have lived during university. Include the following. (Write 80–100 words)

블로그

▶ 살아본 숙소 중에 어떤 게 좋았는지 써보세요.

▶ 어떤 게 문제가 되었는지 적어보세요.

▶ 숙소를 찾는 학생들에게 조언도 써보세요.

_____

_____

_____

_____

_____

_____

_____

_____

_____

_____

Self-check

Tick the box which matches your level of confidence.

1 = very confident   2 = need more practice   3 = not confident

자신이 다음과 같은 부분들을 얼마나 잘 이해하고 있는지 확인하고 표시하세요.

1 = 잘 이해하고 있음   2 = 연습이 더 필요함   3 = 이해하지 못함

	1	2	3
Use auxiliary verbs.			
Use instrumental particles.			
Can scan longer text in order to locate desired information and understand relevant information in everyday material, such as letters, brochures and short official documents (CEFR B1).			
Can write accounts of experiences, describing feelings and reactions in simple connected text (CEFR A2).			

11 어떤 스포츠를 합니까?
What sports do you play?

In this unit you will learn how to:

✓ Use location particles to describe time and place

✓ Use irregular verbs

CEFR: Can recognize significant points in straightforward newspaper articles on familiar subjects (B1); Can describe experiences and events, dreams, hopes and ambitions and briefly give reasons and explanations for opinions and plans (B1).

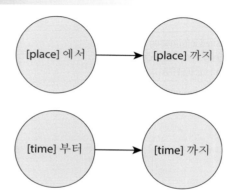

Meaning and usage
Location particles

Location particles serve the function of describing where an event is happening. They can mean *to* or *at*.

지금 집에 가고 있습니다.   *(I'm going home now.)*

저는 체육관에서 운동해요.   *(I work out at the gym.)*

-에 and -에서 – **location**

-에 and -에서 are some of the most commonly used particles in Korean. These particles both attach to nouns to express location, but there are some differences in their usages.

1   -에 is primarily used for verbs of movement, such as 가다 *(to go)*, 오다 *(to come)*, 도착하다 *(to arrive)* or 돌아가다 *(to return)*. It is similar to *to* in English.

내일 운동 대회에 나갈 거예요.   *(I will go to the sports competition tomorrow.)*

2   -에 is also used with 있다 and 없다 to describe the location of something. In this usage, it is similar to *in*, *on* or *at* in English.

지금 지나와 사라는 학교에 있어요.   *(Right now, Jina and Sarah are at school.)*

어머, 내 운동화 가방에 없어!   *(Oh no, my trainers aren't in my bag!)*

3 -에서 is used to describe the location of an action. It is not used to describe the destination of a verb of movement, but instead the location in which one does an action.

학교에 가서 교실에서 공부했어요. *(I went to school and studied in a classroom.)*
잠실 야구장에서 야구 경기를 봤어요. *(I saw a baseball game at the Jamsil stadium.)*

A Choose the correct particle in each sentence.

1 집(에/에서) 도착해서 저녁을 부엌(에/에서) 만들었어요.
2 농구를 하고 싶었지만 운동화를 집(에/에서) 두고 와서 오늘 못 해요.
3 오늘 사무실이 닫아서 집(에/에서) 일해요.
4 고양이가 소파(에/에서) 누워 있어요.
5 도서관(에/에서) 좋은 책이 많이 있어.
6 거기(에/에서) 전화하면 시끄러워서 안 들릴 것 같아.

-에 – time

-에 can also be used to describe the time something happened. When used in this way, it is similar to *at* in English. The particle is added after the time.

아침 8시에 일어나요.   *(I wake up at 8 a.m.)*
저녁 6시에 퇴근해요.   *(I finish work at 6 p.m.)*

B Add 에 where it fits in each sentence.

1 우리가_____ 여름_____ 할머니_____ 만나러_____ 갑니다.
2 그 팀은_____ 이번_____ 경기를_____ 한다고_____ 해요.
3 내 동생은_____ 아침 7시_____ 학교로_____ 간다.
4 나는_____ 내년_____ 학교_____ 졸업해.
5 봄_____ 여행_____ 가면 _____ 날씨가_____ 좋아.
6 아침 6시_____ 일어나면 _____ 하루종일_____ 피곤할 수도 있어요.

Words like today, tomorrow *and* yesterday *never use* 에, *even though they are technically time words. Rather, these words stand alone. This is similar to English as we don't say* On yesterday *or* On tomorrow.

To and from : -에서, -까지; -부터, -까지

In Korean, the way to say *from* _____ *to* _____ depends on whether you are describing a location or a timeframe.

늦게 일어나서 집에서 학교까지 뛰어 갔어요. *(I woke up late, so I ran from my house to school.)*
아침부터 저녁까지 끊임없이 일했어요. *(I worked endlessly from morning to night.)*
오전10시부터 오후 12시까지 축구를 *(I practise football from 10 a.m. to 12 p.m.)*
연습해요.

How to form -에서, -부터 and -까지

When describing two locations, -에서 is used for the point of departure (*from*), and -까지 is used for the destination (*to*).

서울**에서** 부산**까지** 기차로 갔어요.　　　*(I went from Seoul to Busan by train.)*

When describing a timeframe, -부터 is used for the time that something began, and -까지 is used for the time that something ends.

10시**에서** 11시**까지** 친구들이랑　　　*(I played basketball with my friends*
농구를 했어요.　　　*from 10 to 11.)*

C Underline the start and end times and places.

1　작년부터 지금까지 매일 운동했다.
2　우리 집에서 친구 집까지 가려면 버스를 타고 가야 돼.
3　작년부터 올해까지 시험 준비했어요.
4　지금부터 내일까지 공부만 할 거예요.
5　어제부터 오늘 아침까지 아무것도 못 먹었어요.
6　이제부터 저녁까지 운동하려고 해요.

Frequently 까지 *is used without using* 에서 *or* 부터 *first.*

진짜 부산**까지** 가야 돼?

Do you really have to go all the way to Busan?

내년**까지** 일하려고요.

I am planning to work until next year.

에서 *and* 부터 *can also be used alone this way.*

집**에서** 출발해요?

Are you leaving from your house?

몇 시**부터** 시작하나요?

What time does it start from?

D Choose 부터 **or** 에서 **depending on which is more appropriate.**

1　한국(에서/부터) 유럽까지 가는 기차가 생길수도 있대요.
2　어제 친구랑 저녁(에서/부터) 새벽까지 술 마시고 놀았다.
3　직장(에서/부터) 집까지 가는 데 1시간 걸립니다.
4　내년 여름(에서/부터) 겨울까지 매일 헬스 다닐 거야.
5　오늘 아침(에서/부터) 머리가 아팠어요.
6　우리 학교(에서/부터) 친구 집까지 좀 거리가 있어요.

Meaning and usage

Irregular verbs and adjectives

1 Although verbs in Korean are not conjugated the same way as they are in English, some verbs have irregular endings when using the past tense ending, or the casual or polite endings. Although irregular verbs and adjectives are atypical, they also have patterns that can be memorized and followed.

A: 오늘밤 같이 축구할래?   *(Do you want to play football together tonight?)*

B: 미안, 오늘밤에는 좀 **바빠**.   *(Sorry, I'm busy tonight.)*

운동을 하면서 음악을 **들어요**.   *(I listen to music while exercising.)*

How to work with irregular verb endings

1 There are several categories of irregular Korean verb endings: ㅡ, ㄷ, ㅅ, ㅂ, ㄹ and 르.

2 For irregular verbs and adjectives ending in ㅡ, the ㅡ is deleted and becomes either ㅓ or ㅏ when an 아/어 ending is added. If the preceding vowel is ㅏ or ㅗ, ㅡ becomes ㅏ. If the preceding vowel is any other vowel, or the verb stem is only one syllable, then ㅓ is used.

바쁘다: 바빠요

크다: 커요

3 If the irregular verb stem ends in ㄷ, then the ㄷ is replaced with ㄹ when adding an ending that begins with any vowel. The exceptions are 닫다, 받다 and 믿다, which are conjugated regularly.

연습 시간을 못 **들어서** 코치님께   *(I couldn't hear the practice time, so I asked*
물었어요.   *the coach.)*

4 For irregular verb stems ending in ㅅ, the ㅅ is deleted when adding an ending that begins with a vowel. Exceptions are 웃다, 벗다 and 씻다.

대화가 **이어졌어요**.   *(The conversation continued.)*

5 For irregular adjective stems ending in ㅂ, ㅂ is changed to ㅜ when adding an ending that begins with a vowel. This ㅜ usually combines with the vowel in the ending. This sound change applies more to adjectives than to verbs. Two verbs that do use the ㅂ sound change are 줍다 and 눕다.

배우고 싶지만 수영이 너무   *(I want to learn, but swimming is too hard.)*
어려워요.

학교 끝나고 피곤해서 침대에   *(I was tired after finishing school, so I laid on*
누웠어요.   *my bed.)*

Note: 돕다 and 곱다 are the only two words that change to ㅗ instead of ㅜ following the ㅂ sound change.

동생 **도와** 줘.   *(Help your brother.)*

6 For irregular verb stems that end in ㄹ, the ㄹ is deleted when adding endings that begin with
ㄴ, ㄹ, or when using the formal ending ㅂ니다/습니다.

빵 **만든** 사람이 저예요.   *(I am the person that made the bread.)*

내일 빵을 **만들 거예요**.   *(I will make bread tomorrow.)*

저는 빵을 **만듭니다**.   *(I make bread.)*

For irregular verb stems that end in 르, ㅡ becomes either ㅏ or ㅓ when adding an ending
that begins with a vowel, following the same rules as irregular ㅡ verbs. In addition, the ㄹ is
doubled and added to the end of the preceding syllable.

야구를 하고 싶지만 규칙을 잘 **몰라요**.   *(I want to play baseball, but I don't know the rules.)*

안나와 안나의 언니는 진짜 **달라요**.   *(Anna and her sister are really different.)*

Common Korean irregular verbs and adjectives			
	아/어요	ㅂ니다	으면	ㄴ/는 *(present tense)*
바쁘다	바빠요	바쁩니다	바쁘면	바쁜
예쁘다	예뻐요	예쁩니다	예쁘면	예쁜
크다	커요	큽니다	크면	큰
걷다	걸어요	걷습니다	걸으면	걷는
듣다	들어요	듣습니다	들으면	듣는
묻다	물어요	묻습니다	물으면	묻는
하얗다	하얘요	하얗습니다	하야면	하얀
이렇다	이래요	이렇습니다	이러면	이런
어떻다	어때요	어떻습니다	어떠면	어떤
짓다	지어요	짓습니다	지으면	짓는
붓다	부어요	붓습니다	부으면	붓는
낫다	나아요	낫습니다	나으면	낫는
춥다	추워요	춥습니다	추우면	추운
아름답다	아름다워요	아름답습니다	아름다우면	아름다운
어렵다	어려워요	어렵습니다	어려우면	어려운
만들다	만들어요	만듭니다	만들면	만드는
열다	열어요	엽니다	열면	여는
멀다	멀어요	멉니다	멀면	먼
모르다	몰라요	모릅니다	모르면	모르는
다르다	달라요	다릅니다	다르면	다른
빠르다	빨라요	빠릅니다	빠르면	빠른

E Use words from the table to complete the sentences.

1 오늘 날씨가 _____ 따뜻한 재킷을 입고 가세요.

2 어제 얼마 동안 축구를 해서 오늘 다리가 _____.

3 공원에서 너무 오래 _____, 숙제를 할 시간이 없을 거예요.

4 _____ 의견을 가지고 있는 사람과 토론을 하는 것이 폭력적일 수 있어요.

5 김치 찌개는 너무 _____, 고추가 없는 음식이 더 좋을 것 같아.

6 케이크를 만들면, 케이크 믹스에 우유를 천천히 _____.

Vocabulary

F Tick the sports terms.

달리기	☐	경기	☐	골	☐	근육	☐
축구	☐	테니스	☐	헬스	☐	체력	☐
팀	☐	사격	☐	다이어트	☐	운동	☐
농구	☐	역도	☐	궁도	☐	선수	☐

G Add the word that matches the definition.

1 _____ 공을 발로 차며 하는 스포츠

2 _____ 공을 던지고 방망이로 치는 스포츠

3 _____ 공을 손으로 바스켓에 던져 넣는 스포츠

4 _____ 활과 화살로 타겟을 쏘는 운동

5 _____ 긴 거리를 뛰는 스포츠

6 _____ 건강해지려고 식단을 관리하는 것

7 _____ 전문적으로 운동하는 사람을 일컫는 말

8 _____ 총으로 타겟을 쏘는 운동

H Complete the text messages.

> 주미: 마이클, 왜 고기 안먹어?

> 마이클: 나 요즘 건강 생각해서 (1)_____ 하고 있어.

> 주미: 나도 건강이 중요하다고 생각해서 다이어트보단 (2)_____하려고 해.

> 마이클: 아 정말? 무슨 운동해 난 너무 말라서 (3)_____ 좀 생겼으면 좋겠어.

> 주미: 나도 근육 만들려고 (4)_____ 배우고 있어! 재밌어.

마이클: 아 역도는 한 번도 해본 적 없어. 역도 말고 (5)_____도 하니?

주미: 나는 다른 사람들과 함께 하는 운동은 부담스러워서 (6)_____ 스포츠는 안해. 역도는 혼자서 할 수 있어서 좋아.

📖 Reading

I **Read the following introduction to a newspaper article and answer the question:**
서울 올림픽은 몇 년도에 열렸나요? _____

4년마다 모든 세계인이 여름 올림픽 경기를 보기 위해서 모이곤 합니다. 서울 올림픽은 1988년에 열렸습니다.

J **Read the rest of the article and answer the questions.**

국제 올림픽이 열릴 장소가 정해질 때 전세계 사람들이 긴장감을 느낄 것입니다. 왜 그렇게 느끼는 걸까요? 자기의 나라에서 올림픽 경기를 연다는 것이 큰 영광으로 느껴지기 때문입니다. 지금까지 올림픽은 정말 다양한 나라에서 열리곤 했습니다. 미국과 유럽, 아시아와 호주 모두가 올림픽을 연 적이 있습니다. 올림픽에는 200개가 넘는 나라에서 11,000명 이상의 선수들이 참가합니다. 참가하는 나라도 아주 다양하지요. 잘사는 나라와 가난한 나라 모두 참가하게 됩니다. 각 나라의 선수들은 자기의 꿈도 있지만 자기 나라 국민들의 희망에 대해서도 신경 써야 합니다. 올림픽 선수들을 통해 자기 나라에 대한 자부심과 애국심을 느끼는 사람이 정말 많기 때문입니다. 이런 선수들은 어떻게 보면 연예인 같은 사람들입니다. 텔레비전에도 나오고 광고도 많이 찍습니다. 올림픽 선수들을 모르는 사람이 없을 것입니다. 선수들은 유명하지만 편하게 사는 것은 아닙니다. 올림픽에 나가기 위해 평생 정말 열심히 노력합니다. 아침 일찍부터 저녁 늦게까지 연습하고 운동하고 몸 관리한다고 보면 됩니다. 그렇게해야 전세계적으로 정말 최고의 선수가 될 수 있는 것입니다. 나중에 나이들고 운동을 하지 않아도 자기 나라에서 계속 유명할 것입니다.

올림픽에 참가하는 스포츠의 종류도 아주 다양합니다. 팀 스포츠도 있고 혼자서 하는 운동도 있습니다. 예를 들어 농구와 축구가 있고 반면에 테니스와 수영이 있습니다. 사람들이 잘 아는 그런 스포츠도 있지만 또한 올림픽 때 말고는 사람들이 잘 안보는 스포츠도 있지요. 올림픽에 사격과 궁도 같은 스포츠도 있습니다. 이런 다양한 스포츠의 공통점이 하나 있다면 모든 선수가 세계 최고라는 점일 것입니다. 메달을 받은 선수들은 고향에 돌아가서 평생동안 자기 나라에서 존경 받게 됩니다. 그러나 메달을 못 받아도 큰 영광을 누릴 것입니다. 올림픽을 통해 전세계 사람들은 자기의 나라에 대한 자부심도 생길 수 있고 또한 다른 나라에 대해 배울 수 있게 됩니다. 전쟁과 여러가지 문제가 많은 세상에서 여러 나라끼리 올림픽 같은 것을 한다는 것이 특별한 것 같습니다. 올림픽 경기에 많은 노력과 자원이 들어가지만 그래도 큰 의미가 있다고 봐야 할 것 같습니다.

국제	international
긴장감	nervousness
영광	honour, glory
참가하다	to take part in, participate
평생	full lifetime
몸 관리	taking care of one's body
공통점	commonality

1 올림픽에 참가하는 나라 몇 개 있나요?

_____

2 선수는 몇 명 정도 참가한다고 나오나요?

_____

3 올림픽에 참가하는 선수들은 어떤 감정 느낄까요?

_____

4 올림픽에 어떤 의미가 있다고 나오나요?

_____

# Writing

K **Write a short article to appear in the newspaper about athletes representing your own country in the Olympics. Include the following. (Write 80–100 words)**

▶ 어떤 선수들이 있는지 적어주세요.

▶ 올림픽이 왜 중요하다고 생각하는지 적어주세요.

▶ 올림픽 경기에 가면 어떤 스포츠를 보고 싶은지 적어주세요.

_____

_____

_____

_____

_____

_____

_____

_____

_____

_____

Self-check

Tick the box which matches your level of confidence.

1 = very confident   2 = need more practice   3 = not confident

자신이 다음과 같은 부분들을 얼마나 잘 이해하고 있는지 확인하고 표시하세요.

1 = 잘 이해하고 있음   2 = 연습이 더 필요함   3 = 이해하지 못함

	1	2	3
Use location particles to describe time and place.			
Use irregular verbs.			
Can recognize significant points in straightforward newspaper articles on familiar subjects (CEFR B1).			
Can describe experiences and events, dreams, hopes and ambitions and briefly give reasons and explanations for opinions and plans (CEFR B1).			

12 건강한 음식을 먹어서 오래 살 거예요

You'll live long because you eat healthy food

In this unit you will learn how to:

✓ Describe cause and effect

✓ Describe necessity and obligation

CEFR: Can recognize significant points in straightforward newspaper articles on familiar subjects (e.g. article about health) (B1); Can write personal letters describing experiences and impressions (e.g. write a review of a restaurant or a recipe) (B1).

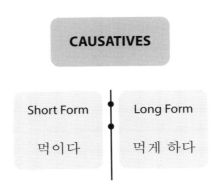

CAUSATIVES

Short Form — Long Form

먹이다 — 먹게 하다

Meaning and usage

Causative verb endings

1   Causative verb endings are used to describe when someone is made to do something. The person or thing that caused the action may or may not be stated. These don't always match the way we speak in English; for instance, the Korean verb 먹다 *(to eat)* has a causative equivalent meaning 먹이다 *(to make eat)* that would be translated as *to feed* in English.

How to form causative verbs -이/-히/-리/-기/-우/-추

Some verbs have a causative equivalent. These verbs are formed by adding an ending -이/-히/-리/-기/-우/-추 to the verb stem. Not every verb allows for this kind of affix.

The table shows some of the most common verbs with causative endings.

Active verb		Causative	
먹다	to eat	먹이다	to make eat (to feed)
죽다	to die	죽이다	to kill
보다	to see	보이다	to show
읽다	to read	읽히다	to make read
입다	to wear	입히다	to make wear (to dress)
넓다	to be wide	넓히다	to widen
울다	to cry	울리다	to make cry
살다	to live	살리다	to allow to live
듣다	to listen	들리다	to make heard
씻다	to wash	씻기다	to wash (someone else)
웃다	to laugh	웃기다	to make laugh
굶다	to starve	굶기다	to make/allow to starve
깨다	to wake up	깨우다	to wake (someone else up)
타다	to ride	태우다	to give a ride
서다	to stand	세우다	to make someone stand
낮다	to be low	낮추다	to lower
늦다	to be late	늦추다	to delay

엄마는 사과를 **먹고** 있어요.　　　　　(The mum is eating an apple.)
엄마는 아이에게 사과를 **먹이고** 있어요.　(The mum is feeding an apple to her child.)
사라는 **웃었어요.**　　　　　　　　　　(Sarah laughed.)
사라가 한 농담이 헨리를 **웃겼어요.**　　　(Sarah told a joke and made Henry laugh.)

 A Form the causative verbs from the words.

　1　웃다 ＿＿＿＿＿＿＿＿＿
　2　씻다 ＿＿＿＿＿＿＿＿＿
　3　보다 ＿＿＿＿＿＿＿＿＿
　4　읽다 ＿＿＿＿＿＿＿＿＿
　5　넓다 ＿＿＿＿＿＿＿＿＿
　6　죽다 ＿＿＿＿＿＿＿＿＿
　7　늦다 ＿＿＿＿＿＿＿＿＿

 There is no rule that determines which verbs have which affixes added. At first this can seem overwhelming, but soon the proper ending for each verb can be memorized. Korean, like English, is full of irregularities and exceptions.

B Choose whether each verb is active or causative, then write its active/causative counterpart.

1 자다 (Active / Causative)

_____

2 녹이다 (Active / Causative)

_____

3 앉히다 (Active / Causative)

_____

4 벗다 (Active / Causative)

_____

5 씌우다 (Active / Causative)

_____

6 알다 (Active / Causative)

_____

-게 하다

Not every verb has a causative equivalent. For verbs that do not take the -이/-히/-리/-기/-우/-추 construction, -게 하다 is used instead to describe when someone or something makes something else happen. Which verb takes on which kind of ending is simply a matter of memorization; there is not a set rule which determines this.

오빠가 나쁜 말을 했으니까 동생을 **슬프게 했어요**.

(The older brother said something mean and made his sibling sad.)

선생님이 학생이 **공부하게 하셨어요**.

(The teacher made the students study.)

C Choose the causative verbs in the sentences.

1 마리아가 저를 가게에 가게 했어요.
2 마크는 딸이 사탕을 먹게 했어요.
3 내가 너에게 문을 닫게 해서 문이 닫혔어요.
4 어머니는 나에게 노래를 부르게 했어요.
5 어릴 때 축구를 싫어했는데도 선생님이 나에게 축구를 하게 했어요.
6 택시 기사님이 나를 내리게 했어요.

How to form -게 하다

1 In order to turn an active verb into a causative verb, -게 하다 is attached to the verb stem.

2 When a verb is transitive, i.e. when the object of the sentence is being made to do a verb (e.g. made to practise or made to eat), the noun causing the action uses -이/가 or 은/는 and the noun affected uses -에게.

엄마**가** 아기**에게** 피아노를 한 시간 동안 **연습하게 했어요.**　*(The mum made her child practise piano for one hour.)*

3 When a verb is intransitive, i.e. when the object is being acted on directly (e.g. made sad or made happy), the noun causing the action uses -이/가 or -은/는 and the noun affected uses 을/를. This is also the case with adjectives when the subject causes the affected noun to feel a certain way.

코치**는** 선수**를** 주말에 쉬**게 했어요.**　*(The coach made the athletes rest at the weekend.)*

친구**가** 선물을 줘서 나**를** 아주 행복하**게 했어요.**　*(My friend gave me a gift and made me very happy.)*

4 If a verb has a causative version, -게 하다 can sometimes be used to indicate that someone made somebody do something by themselves, as opposed to doing it for them.

엄마가 아이들에게 야채를 먹였어요.　*(The mum fed her children vegetables.)* (Meaning: she fed them herself with her own hands.)

엄마가 아이들에게 야채를 먹**게 했어요.**　*(The mum made her children eat vegetables.)* (Meaning: she made them eat but did not feed them herself.)

5 Depending on the context, -게 하다 can also be used to indicate permission, or allowing someone to do something. If someone is prohibiting someone from doing something, then 못 -게 하다 is used instead.

헨리씨는 고양이가 소파에서 자**게 합니다.**　*(Henry lets his cat sleep on the sofa.)*

헨리씨는 고양이가 침대에서 **못 자게 합니다.**　*(Henry doesn't let his cat sleep on the bed.)*

6 -게 만들다 can be used instead of -게 하다 with the same meaning.

아빠가 저에게 수영을 배우**게 합니다.**　*(My dad makes me learn swimming.)*

아빠가 저에게 수영을 배우**게 만듭니다.**　*(My dad makes me learn swimming.)*

D Choose the verbs which are causative.

1 내 친구를 보는 것이 나를 행복하게 만들어요.

_____

2 아버지가 아픈 아이에게 매일매일 약을 먹게 했어요.

_____

3 건강한 음식이 우리 몸을 더 건강하게 만듭니다.

_____

4 피아노 선생님이 나에게 하루에 4시간 씩 연습하게 했어요.

_____

5 저는 나중에 아이들에게 집안일을 도와주게 할 거예요.

_____

6 와이프가 나에게 매일 요리를 하게 만들었어요.

_____

E Make the sentences causative.

1 선생님이 공부했습니다. (우리)

_____

2 겨울 옷이 따뜻합니다. (나)

_____

3 한국 음식이 건강에 좋습니다. (몸)

_____

4 부모님이 일했습니다. (동생)

_____

5 친구가 노래 불렀습니다. (나)

_____

6 영화가 슬펐어? (너)

_____

Meaning and usage

Obligation and necessity

1 Verb endings are used to indicate that certain actions are necessary and required.

집에 밥을 할 재료가 없어서 슈퍼에 가**야 합니다.**	*(There are no ingredients to cook with at home so I need to go to the supermarket.)*
건강하게 살고 싶으면 다양한 음식을 먹**어야 합니다.**	*(If you want to live healthily, you need to eat a varied diet.)*

2 어/아야 하다/되다 is used when an action is required and must be completed.

내일 시험이 있어서 공부**해야 합니다.**   *(I have a test tomorrow, so I need to study.)*

3 하다 and 되다 can both be used in the 어/아야 construction with no change in meaning.

요리를 잘 배우고 싶으면 매일 연습**해야 합니다.**

요리를 잘 배우고 싶으면 매일 연습**해야 됩니다.**   *(I want to learn to cook well so I need to practise every day.)*

4 어/아야 하다/되다 is only used for actions and verbs, it is not used for nouns. To express need for nouns, 필요하다 is used.

배고프니까 점심을 사**야 합니다.**   *(I'm hungry, so I need to buy lunch.)*

배고프니까 점심이 **필요합니다.**   *(I'm hungry, so I need lunch.)*

In the 어/아야 하다/되다 form, 되다 and 하다 are mutually interchangeable. However, 하다 tends to be used in writing much more frequently than in spoken Korean.

F Complete the sentences with a verb of obligation.

1 어제 친구랑 맛있는 것 많이 먹었으니까 오늘 건강한 것을 _____ (먹다).

2 건강한 음식을 많이 안먹으면 몸이 약해지니까 운동 선수들은 항상 식단 관리를 _____ (잘 하다).

3 어릴 때 단백질이 필요하니까 아이들에게 영양가 있는 음식을 _____ (주다).

4 건강해지려면 먹는 것과 운동에 신경을_____ (쓰다).

5 장 볼 때 고기만 사지 말고 야채도 많이 _____ (사다).

6 식당에만 가지 말고 집에서 건강한 음식을 _____ (만들어 먹다).

G Rewrite the sentences using verbs of obligation.

1 사람은 잠이 필요합니다. (자다)

_____

2 어린 아이들은 놀 시간이 필요합니다. (있다)

_____

3 언어를 배우고 싶으면 연습이 필요합니다. (연습하다)

_____

4 친구들을 만날 때 자기와 비슷한 친구가 필요합니다. (만나다)

_____

5 학교에 다니는 사람들은 집중이 필요합니다. (집중하다)

_____

6 직장인들은 가끔 휴식이 필요합니다. (가지다)

_____

Vocabulary

H Find the odd one out.

1 탄수화물	칼슘	과일	단백질
2 설탕	사탕	소금	케이크
3 지방	고기	해물	야채

I Put the words into the categories.

야채 과일 단백질 빵 밥 탄수화물 우유 버터 지방 칼슘

유제품:	
자라는 음식:	
음식 그룹:	
곡물로 만든 음식:	

J Complete the text.

우리 아들은 건강한 음식을 잘 안먹어요. 당근이나 배추 같은 (1) _____ 를 먹으라고
하지만 감자칩 같은 (2) _____ 이나 설탕이 많은 (3) _____ 만 먹어요. 우유에
(4) _____ 이 많이 들어간다고 해서 마시라고 하지만 절대 안마셔요. 사과 같은
(5) _____ 도 안좋아해요. 고기라도 먹으면 (6) _____ 은 먹을 수 있을텐데 그것도
안 좋아한대요. 어떻게 해야 될까요?

📖 Reading

K Read the introduction to an article on how to eat healthily and answer the question:

원래 한국 사람들은 어떤 음식을 잘 먹나요? 어떤 잘 안먹나요? _____

한국인의 건강식

우리 나라 사람들은 음식이 약이라고 말한다. 약식동원이라는 말은 약과 음식은 근원이 같다는 말이다. 우리 나라 사람들은 채소인 나물을 많이 먹는다. 불교를 믿던 고려 시대에는 고기를 많이 먹지 않았다. 고기 요리 방법도 별로 없었다.

L Read the rest of the article and answer the questions.

그러나, 몽골의 지배 아래에서 우리나라 사람들은 양고기과 소고기를 먹기 시작했다. 몽골의 영향으로 여러가지 고기 요리 방법이 등장하였다. 유교의 영향을 받은 조선에는 고기 소비량이 더 높아졌다. 당시에는 소고기가 그렇게 비싸지 않았다고 한다. 한국의 음식 문화를 발전 시킨 중요한 계기는 제사 문화이다. 제사상을 차리는 방법이 들어오면서, 제사와 관련된 여러 가지 음식들이 발달하게 되었다. 밥과 국의 문화도 정착되기 시작했다. 한국에는 여러 가지 김치가 있다. 김치에는 몸에 좋은 프로바이오틱스가 아주 많다. 김치는 요구르트보다도 장 건강에 좋다고 한다. 그렇지만, 김치가 처음부터 매운 음식은 아니었다. 17세기 이전에 김치는 백김치였다. 한국 음식에 매운 맛이 들어가기 시작된 것은 고추가 들어오면서 부터이다. 그러나, 이전에도 된장과 간장, 두부 등의 음식은 오랫동안 한국에 있었다. 두부는 원래 중국 음식이었지만, 한국에서 발전시켜 일본에 가르쳐 준 음식이다. 한국 음식 중에 가장 해외에 유명한 음식은 비빔밥과 불고기이다. 비빔밥은 영양 균형이 아주 훌륭한 건강에 좋은 음식이다. 비빔밥이란 단어는 현재 옥스퍼드 영어 사전에도 들어가 있다. 한류의 영향으로,

비빔밥뿐 아니라, 여러가지 한국 음식들이 세계로 뻗어나가고 있다. 그러나, 의외로 한국의 젊은이들은 햄버거나 파스타와 같은 서양 음식, 그중에서도 패스트푸드를 많이 선호하는 경향이 있다. 이러한 식습관의 변화로 한국인들에게 고혈압이나 당뇨와 같은 질병이 늘어나 문제가 되고 있다.

한국인들이 좋아하는 음식의 종류는 정말 많다. 위에서 언급한 것 처럼 잘 알려진 비빔밥이나 불고기와 달리, 다른 나라 사람들은 잘 모르는 음식도 많이 있다. 대부분의 한국 음식에 매운 맛이 많이 들어간다. 예를 들어, 한국에도 일본처럼 라면이 있다. 하지만 한국의 라면은 일본의 것보다 맵다. 생긴 것은 비슷하지만 둘 다 먹어보면 어떤 게 한국 것인지 바로 느껴질 것이다. 한국인들은 김치를 좋아해서 김치로 요리하는 것도 많이 있다. 예를 들어 김치와 다른 재료를 오랫동안 끓여서 만드는 김치 찌개가 있다. 한국 사람들에게는 김치 찌개가 정말 따뜻하고 마음 편한 음식이지만 한국 밖에는 아직 잘 알려지지 않았다. 한국에는 김밥이라는 음식도 있다. 김밥은 일본의 스시와 비슷하다. 하지만 김밥에는 회가 안들어가고 샌드위치에 들어가는 것과 비슷한 재료가 들어간다. 참치나 햄이나 여러 가지 야채가 많이 들어가곤 한다. 한국 사람들은 어릴 때나 학교에 다닐 때 김밥을 자주 싸간다.

한국에 여러 가지 음식들이 있고 다 건강에 좋고 맛있다. 이런 한국의 다양한 음식이 다른 나라에서도 인기가 많아지면 좋겠다.

유교	Confucianism
영향	influence
제사	traditional ancestral rites
정착되다	to take hold in, become established
뻗어나가다	to spread out
끓이다	to boil something
재료	ingredients

1 김치는 왜 건강에 좋나요?

_____

2 17세기 후에 김치가 어떻게 달라졌나요?

_____

3 두부가 원래 어디에서 처음 생겼나요?

_____

4 어떤 한국어 음식 단어가 옥스퍼드 영어 사전에 들어갔나요?

_____

5 한국 라면과 일본 라면은 어떻게 다르나요?

_____

6 김밥에 뭐가 들어가나요?

_____

 Writing

M Write a letter to your friend who wants to eat more healthily. Include the following.
(Write 120–140 words)

▶ 한국 음식에 대해 알려주세요.

▶ 내가 어떤 건강한 음식을 좋아하는지 써보세요.

▶ 좋아하지만 건강에 안좋은 음식에 대해 써보세요.

_____

_____

_____

_____

_____

_____

_____

_____

_____

_____

Self-check

Tick the box which matches your level of confidence.

1 = very confident   2 = need more practice   3 = not confident

자신이 다음과 같은 부분들을 얼마나 잘 이해하고 있는지 확인하고 표시하세요.

1 = 잘 이해하고 있음   2 = 연습이 더 필요함   3 = 이해하지 못함

	1	2	3
Describe cause and effect.			
Describe necessity and obligation.			
Can recognize significant points in straightforward newspaper articles on familiar subjects (e.g. article about health) (CEFR B1).			
Can write personal letters describing experiences and impressions (e.g. write a review of a restaurant or a recipe) (CEFR B1).			

13 영화관에 갈까요?
Shall we go to the cinema?

In this unit you will learn how to:

✅ Use object particles

✅ Use dative particles

✅ Use particles to express *only*, *just* and *and*

CEFR: Can identify speaker viewpoints and attitudes as well as the information content (B2); Can summarize and give opinion of material (B1).

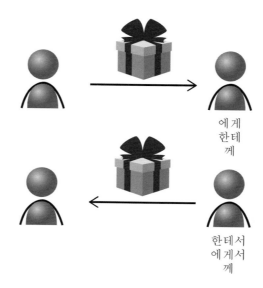

에게
한테
께

한테서
에게서
께

Meaning and usage

Case particles

Similar to the case particles that mark sentence subjects (이/가) and topics (은/는), other particles assign different roles that words can play in a sentence, such as direct or indirect object.

Object particle

The case particle 을/를 signifies that a noun is the object of a verb. If the noun ends with a vowel, use 를. If the noun ends with a consonant, 을 is used. Many sentences require this particle.

진아는 영화관에서 영화를 봤어요.

아침에 동생이 빵을 먹어요.

(Jina watched a film at the cinema.)

(My sibling eats bread in the morning.)

A Write the correct object particle based on the noun preceding it.

1 사과_____
2 빵_____
3 학생_____
4 선생님_____
5 컴퓨터_____
6 영어_____

Dative particles

Dative particles indicate that someone is the target or recipient of an action. The dative particles in Korean are -에게, -한테 and -께.

시간이 있으면 저에게 전화해 주세요.　　*(If you have time, please call me.)*
학생들이 선생님께 선물을 드렸어요.　　*(The students gave a present to the teacher.)*
나는 친구한테 사과했어요.　　　　　　*(I apologized to my friend.)*

1 -에게, -한테 and -께 all carry the same meaning in assigning the dative case, but they have distinct nuances. -에게 is a more literary or formal particle, used frequently in written text. -한테 is colloquial and used in casual speech, and -께 is a formal article used to address those in a higher position.

진아야, 개한테 밥을 좀 줘.　　　　*(Jina, please give some food to the dog.)*
매주 성원이가 할아버지께 편지를 　　*(Every week, Sungwon writes a letter to his*
씁니다.　　　　　　　　　　　　*grandfather.)*
대통령이 시민들에게 잘 보이려고 　　*(The President tried to look good to the*
노력했습니다.　　　　　　　　　　*citizens.)*

B Mark the sentences where the particle does not match the verb or honorifics.

1 지민이가 할머니에게 선물을 드렸습니다.　☐
2 선생님께 보내드릴까요?　☐
3 야 그거 나께 줘 봐!　☐
4 동생에게 밥 사줬어요.　☐
5 친구한테 사과해라.　☐
6 어머니에게 전화 드리세요.　☐

2 -에게, -한테 and -께 are primarily used to write or speak about living, animate things, such as people or animals. For inanimate objects, the particle -에 is used instead.

친구**한테** 전화할 거예요.　　*(I'm going to call my friend.)*
병원**에** 전화할 거예요.　　　*(I'm going to call the hospital.)*

3 Using -한테서 or -에게서 shifts the focus from the recipient of the action to the doer of the action.

헨리가 성원이**에게** 선물을 줬어요.　　*(Henry gave a present to Sungwon.)*
성원이 헨리**에게서** 선물을 받았어요.　　*(Sungwon received a present from Henry.)*

C Choose the correct particle for each sentence.

1 선생님이 학생들(을/에게) 수학(을/에게) 가르칩니다.
2 직원이 회사(를/에/에게) 질문(을/에/에게) 해요.
3 발표(에게/를) 준비하고 사장님(에/께/을) 이메일(을/께/한테) 보내세요.
4 긴급 상황이 발생한다면 119(에/에게/를) 전화하세요.
5 마리아(에게/에게서/를) 기범이가 꽃(을/한테서) 받아서 기분이 좋아졌어요.
6 동생(에게/에게서/를) 공(을/에게/께) 조심해서 던지는 게 좋아요.

D Mark the sentences where the particle does not match the noun.

1 내가 선생님을 물어봤습니다. ☐
2 그 사람은 학교한테 전화했습니다. ☐
3 사장님이 우리에게 스케줄을 알려줬습니다. ☐
4 저는 형님께 한 번 말씀 드려보겠습니다. ☐
5 우리 어머니를 선물 드렸어요. ☐
6 내 친구에게 말했어. ☐

In English, we use verbs like ask, tell *and* call *with direct objects. For example, we might say,* I asked Sarah about her hobbies, *or* I told you not to do that. *In Korean, these are used with dative particles.*

나는 사라에게 물었다.　　　(I asked Sarah.)
저에게 알려주세요.　　　　(Please tell me.)
친구에게 전화하세요.　　　(Call your friend.)

Meaning and usage

Expressing only and just 만 and -밖에

Noun-ending particles are also used to indicate that there is only so much of something. The particles -만 and -밖에 are used to express this meaning.

웃기는 영화**만** 좋아해요.　　　　*(I only like funny films.)*
헨리씨는 논픽션**밖에** 안 읽어요.　　*(Henry only reads non-fiction.)*

1 While -만 and -밖에 express similar meanings, -밖에 is only used in negative sentences. -밖에 is similar to *except for* in English. Both of these attach directly to the end of the noun to which they refer.

생일에 선물 한 개**만** 받아서 슬퍼요.　　　*(I'm sad because I only received one present on my birthday.)*

생일에 선물 한 개**밖에 못** 받아서 슬퍼요.　*(I'm sad because I didn't receive any presents except for one on my birthday.)*

2 -만 can be used in positive or negative sentences, with different meanings.

학교에서 한국어**만** 배워요. *(I only learn Korean in school.)* (Meaning: I don't learn other subjects.)

학교에서 한국어**만 안** 배워요. *(I only don't learn Korean in school.)* (Meaning: I learn every other subject besides Korean.)

3 -만 can be used in imperative sentences, but -밖에 cannot.

5분**만** 기다려 주세요. *(Please wait for just five minutes.)*
5분밖에 안 기다려 주세요. *(incorrect)*

How to form only and just expressions with 만 and -밖에

1 When using -만 or -밖에 the particles 이/가, 은/는 and 을/를 can be omitted. If they are used, they come after -만 or 밖에.

성원이**만** 사무실에 있어요. *(Only Sungwon is in the office.)*
성원이**만이** 사무실에 있어요. *(Only Sungwon is in the office.)*

2 For all other particles besides the ones listed above, the particle comes between -만 or -밖에 and the noun.

저는 집**에서만** 영화를 봐요. *(I only watch films at home.)*
저는 엄마**에게서만** 선물을 못 받았어요. *(I only didn't get a present from my mother.)*

Sometimes -만 *and* -밖에 *are used with verbs to emphasize meaning. For instance, to say,* I really must go, -만 *is added.*

나는 가야만 합니다.

To say, I have no choice but to go, -밖에 *is added.*

나는 갈 수밖에 없습니다.

Consider the emphasized meaning in the following examples:

운동을 해야만 합니다. (I really must exercise.)
갈 수밖에 없습니다. (I have no choice but to go.)
할 수만 있다면 할 거예요. (I would do it if I could.)

E Choose the correct particle for each sentence. Then rewrite the sentence on the line with the correct particle.

1 헨리씨는 아이스 커피(만/밖에) 마셔요.

_____.

2 아파트가 너무 시끄러워서 진아는 도서관(에서만/만에서) 공부해요.

_____.

3 이 과자는 서울(에서만/에서밖에) 살 수 있어요.

_____.

4 평일에 진짜 바빠서 주말(에만/에서밖에) TV를 봐요.

_____.

5 하루 종일 게임(을만/만을) 했어요.

_____.

6 마리아는 개와 고양이 알레르기 때문에 토끼(만/밖에) 못 키워요.

_____.

F Match the particles with the verbs they could be used with.

1	밖에	**a**	좋아한다	☐
2	만	**b**	못 간다	☐
		c	안 한다	☐
		d	준다	☐
		e	안 된다	☐
		f	없다	☐

Meaning and usage

Talking about nouns with 에 대해 and 에 대한

The dative 에 with the constructions 대해 and 대한 can be added to nouns to talk about them.

역사**에 대해** 공부하는 것을 좋아해요.	_(I like studying about history.)_
어제 본 영화**에 대해** 알려주세요.	_(Tell me about the film you saw yesterday.)_
미국**에 대한** 책은 있어요?	_(Do you have a book about America?)_
사자**에 대한** 이야기였어요.	_(It was a story about a lion.)_

1 N+ 에 대해 is used when 대해 is followed by a verb.

동생**에 대해** 말했어.	_(I talked about my younger sibling.)_
일기에 어제 일어난 일**에 대해** 썼어.	_(I wrote in my journal about what happened yesterday.)_

2 N+ 에 대한 is used when 대한 is followed by a noun.

한국어**에 대한** 책이에요.	_(It's a book about Korean.)_
심리학**에 대한** 강의를 들었어요.	_(I listened to a lecture about psychology.)_

How to form sentences using *about*

1 To form these sentences correctly, it needs to be identified whether an action is being done about something or whether a noun is about something. The emphasis of the sentence will change depending on whether 에 대해 or 에 대한 is used.

여행에 대한 책을 썼어요.　　　　　*(I wrote a book about travel.)*
여행에 대해 잘 알아요.　　　　　　*(I know a lot about travel.)*

2 Sometimes, in order to emphasize the word *about,* 대해서 may be used in place of 대해.

수업에서 역사에 대해서 배웠어요.　　*(We learnt about history in class.)*
그 사람에 대해서 잘 몰라요.　　　　*(I don't know much about that person.)*

G **Complete with either** -에 대해 **or** -에 대한.

1 역사_____ 책이에요.
2 대학에서 많은 주제_____배워요.
3 한국에 가기 전에 한국 사람_____잘 몰랐어요.
4 주말에 사랑_____ 영화 보러 갔어요.
5 첫 데이트_____ 느낌이 좋았어요.
6 연애_____ 경험이 없어요.

Vocabulary

H **Complete the sentences from an article about films with words from the box. Use a dictionary if necessary.**

매출　영화　개봉　장르　매진　영화관　사극　판타지　주연 배우

많은 사람들이 새 (1) _____를 보기 위해 (2) _____을 찾았다. 티켓 (3) _____이 빨라서 개봉 몇 시간 만에 (4) _____되었다. 액션 (5) _____를 좋아하는 사람들이 많다. (6) _____는 (7) _____ 영화나 (8) _____에 출연하며 인기가 높다. 비평가는 영화에 대해 많은 긍정적인 리뷰를 게시했다.

I **Match the imaginary film title with the most likely genre.**

1 목요일의 마법　　　**a** 코미디
2 이상형　　　　　　**b** 사극
3 사랑이 미워　　　　**c** 로맨스
4 조선의 왕　　　　　**d** 스릴러
5 탈출　　　　　　　**e** 공포 영화
6 힘 센 할머니　　　　**f** 로맨틱 코미디
7 악의 꿈　　　　　　**g** 판타지

J Mark the words which are not related to film.

1 감독 ☐
2 시리즈 ☐
3 자막 ☐
4 통화 ☐
5 연기 ☐
6 비평 ☐
7 촬영 ☐
8 월급 ☐

📖 Reading

K Read the introduction to the film review and answer the question:
영화 감독의 이름은 무엇인가요? _____

기생충

봉준호 감독의 영화 기생충은 2020년 오스카에서 아카데미 작품상을 받았다. 이것은 올해로 92회를 맞는 아카데미 시상식에서 처음 있는 일이었다.

L Read the rest of the film review and answer the questions.

기생충은 한국 사회에서 부자와 가난한 사람들의 사회적 격차를 잘 보여준다. 박사장 가족은 서울 중심에 매우 고급스러운 집에서 호화롭게 살아간다. 박사장의 부인은 전형적인 한국의 재벌 사모님의 삶을 보여준다. 그녀에게는 아무런 부족한 것이 없다. 아이들의 교육을 담당하고, 좋은 대학에 가도록 도와 주는 것 만이 그녀의 일이다. 좋은 대학에 보내기 위해서 강남의 많은 엄마들이 상상할 수 없는 과외비를 주고 아이들에게 과외를 시킨다. 반면에, 박 사장의 집 지하에는 가사 도우미 문광의 남편이 비밀 아지트에서 살고있다. 박사장의 아이들을 가르치는 기우와 기정의 가족들은 반지하에서 어렵게 산다. 모두 다 능력이 있지만, 모두 직장이 없다. 그들 역시 문광 부부처럼 박사장의 집에 기생충처럼 살아가고 있다. 기우의 아버지는 박 사장의 운전 기사이고, 기우의 어머니는 박 사장 집의 가사 도우미로 말이다. 박사장의 와이프가 계단을 오르내리는 장면은 의미가 깊다. 한국 사회는 한강의 기적이라고 부를만큼 빠른 경제 성장을 이뤘다. 한류 문화가 세계에 전파되고 있는 것도 사실이다. 그렇지만, 동시에 빈부 격차는 더욱 더 심해지고 있다. 박 사장 집의 계단처럼, 가난한 사람과 부자 사이에는 갭이 크고 그 갭은 개인의 노력으로 극복하기가 어려운 현실이다.

기생충은 정말 이상하면서도 재미있는 영화이다. 많은 사람들은 이 영화의 장르에 대해 혼란을 느꼈다. 처음에는 영화가 약간 코미디 같기도 하고 아닌 것 같기도 하지만, 나중에 공포 영화나 스릴러 쪽에 가까워진다. 한국의 유명한 드라마 중에 로맨스나 로맨틱 코미디는 많은데 공포 영화는 많지 않다. 하지만 기생충은 공포 영화임에도 불구하고 한국 사람과 전세계 사람들을 사로잡았다. 봉준호 감독의 재미있는 대본과 촬영이 너무 좋아서 많은 사람들이 좋은 비평을 하고 있다.

많은 사람들은 영화를 볼 때 대본이나 감독보다 주연 배우들에 대해 더 신경 쓰곤 한다. 하지만 이번 기회로 한국 유명 배우들을 잘 모르는 다른 나라의 사람들이 배우가 아니라 영화의 더 깊은 메세지에 집중할 수 있었다. 매출 통계를 보면 그 메세지의 영향이 얼마나 컸는지 알 수 있다.

V		
고급스럽다	*high class*	
호화롭다	*extravagant*	
담당하다	*to be in charge of*	
가사 도우미	*maid*	
현실	*reality*	
사로잡히다	*to grab, hold someone's attention*	

1 비평하는 영화의 제목은 무엇인가요?

_____

2 영화가 어떤 사회적 문제를 다루나요?

_____

3 부잣집 지하실에 누가 살고 있나요?

_____

4 기우 아버지는 어떤 일을 하나요?

_____

5 집에 있는 계단은 무엇을 뜻하나요?

_____

6 많은 사람들이 영화의 감독이나 대본보다 무엇에 더 집중한다고 얘기하나요?

_____

 # Writing

M Write a review of a film you have recently seen. Include the following. (Write 80–100 words)

▶ 영화가 재미있었나요?

▶ 영화의 줄거리가 무엇이었나요?

▶ 영화에 무슨 뜻이 있었나요?

_____

_____

_____

_____

_____

_____

_____

_____

_____

Self-check

Tick the box which matches your level of confidence.

1 = very confident   2 = need more practice   3 = not confident

자신이 다음과 같은 부분들을 얼마나 잘 이해하고 있는지 확인하고 표시하세요.

1 = 잘 이해하고 있음   2 = 연습이 더 필요함   3 = 이해하지 못함

	1	2	3
Use object particles.			
Use dative particles.			
Use particles to express *only*, *just* and *and*.			
Can identify speaker viewpoints and attitudes as well as the information content (CEFR B2).			
Can summarize and give opinion of material (CEFR B1).			

14 기분이 어때요?
How do you feel?

In this unit you will learn how to:

✔ Form adjectives from nouns

✔ Use adjectives to express emotion

CEFR: Can understand the description of events, feelings and wishes (B1); Can convey degrees of emotion and highlight the personal significance of events and experiences (B2).

How to describe a noun

-적	-스럽다	-답다
명사+적	명사+스럽다	명사+답다
What *type* of thing is it?	What else is it like?	Is it like itself?

Meaning and usage

Nouns to adjectives -적, -스럽다, -답다

There are several ways to form adjectives from nouns in Korean, depending on word origin and intended meaning, and nuance.

-적

-적 is an affix that attaches to some nouns to transform them into adjectives and adverbs.

성공을 하고 싶으면 개인적인 행위에 대해 책임을 져야 합니다.

(If you want to be successful, you need to take responsibility for your personal actions.)

충동적으로 결정하지 마세요.

(Don't decide impulsively.)

How to form -적

1   -적 attaches to nouns of Chinese origin, called 한자어. At first, it may be difficult to determine whether a word is of Chinese origin (called Sino-Korean) or a pure Korean word. As new words are learnt, determining whether they are of Chinese origin will help establish if they can be used with -적.

2   When using -적 to form an adjective from a noun, the form -적인 is used when modifying a verb directly. If the adjective is at the end of the sentence, then -적이다 is used and conjugated for the appropriate level of politeness.

미국은 민주**적인** 나라입니다.   *(America is a democratic country.)*

미국의 사회는 민주**적이에요**.   *(American society is democratic.)*

-적 can also be used to form adverbs by adding the suffix -적으로 to a noun.

연구원들이 문제를 과학적**으로** 검증했습니다.   *(The researchers examined the problem scientifically.)*

과학**적인** 접근법으로 문제를 해결했습니다.   *(They solved the problem with a scientific approach.)*

Sentences that explain reasons for things can be rewritten using the -적 ending.

로마 제국의 멸망은 경제 때문이에요 → 경제적인 멸망이다.   *(The destruction of the Roman Empire was because of the economy. → It was an economic destruction.)*

A   Rewrite the following sentences with the -적 ending.

1   각 국가는 문화의 관한 차이가 있다. → _____ 차이다.
2   전쟁은 두 나라의 역사 때문에 일어났다. → _____ 이유다.
3   감독은 비판을 많이 한다. → _____ 감독이다.
4   나의 의견에 반대하는 사람이 일어났다. → _____ 의견이다.
5   그 연주자의 노래는 감동을 줬어요. → _____ 노래다.
6   그 영상은 교육을 위한 영상이다. → _____ 영상이다.

B   Match each term with the thing which it would most likely describe.

1   문화적   **a**   A painting or literary work
2   역사적   **b**   A political view
3   경제적   **c**   An individual at work
4   비판적   **d**   An event from 100 years ago
5   책임적   **e**   A review of a film
6   반대적   **f**   A financial crisis

-스럽다

-스럽다 is another affix that is added to nouns to transform them into adjectives or adverbs. When using -스럽다, one is describing something as having the characteristics of said noun which -스럽다 is added to. It is used with words of both Chinese and Korean origin.

회장님 만날 때는 걱정하지 말고 자연**스럽게** 하세요.   *(When you meet the Chair, don't worry and just act naturally.)*

헨리는 예쁜 여자를 보면 갑자기 바보**스러운** 행동을 많이 해요.   *(When Henry sees a pretty woman, he suddenly starts acting like a fool.)*

-답다

-답다 is another affix that attaches to nouns in order to say that something has the qualities expected of that noun.

성원씨는 진짜 남자**다운** 남자입니다. *(Sungwon is a very manly man.)*

마리아는 수업에 자주 늦게 오고 선생님의 *(Maria is often late for class, ignores the teacher's*
질문도 무시하고 학생**답지 않은** 행동을 해요. *questions, and acts in an unstudent-like manner.)*

-스럽다 and -답다

-스럽다 and -답다 have many similarities in meaning and usage. Both typically mean *-like* and are used to denote that something has some or all of the qualities of that noun.

-스럽다 is used when something possesses some of the qualities of a particular noun but is not that noun. -답다 is used when something is already part of the category being referred to, and exemplifies the characteristics expected of that group.

사라가 10살밖에 안됐는데 어른**스러운** *(Sara is only ten years old, but she already has a*
성격이에요. *very adult-like (mature) personality.)*

저는 20살이 돼서 지금부터 어른**답게** *(I am twenty years old, so I need to act like an adult*
행동해야 합니다. *from now on.)*

-스럽다 is often used to express feelings and emotions.
-답다 is tied to concrete, not abstract nouns.

시험을 잘 봐서 성적이 만족**스러워요**. *(I did well in the test so I am satisfied with my results.)*

진아는 아주 사랑**스러운** 여자입니다. *(Jina is an adorable woman.)*

진아는 아주 사랑**다운** 여자입니다. (incorrect)

4 -롭다 is also used alongside -스럽다 for some nouns that do not have final consonants. There is some difference in meaning between -롭다 and -스럽다 in the instance that a noun can take either. In this case -스럽다 carries the same meaning as *seems to be*, whereas -롭다 states something is the trait described.

오빠랑 얘기하면 마음을 놓고 자유**롭게** *(When I talk with my brother, I can speak freely*
말할 수 있어요. *without worry.)*

그 숲은 조금 신비**스러워요**. *(That forest seems a little mysterious.)*

그 숲은 조금 신비**로워요**. *(That forest is a little mysterious.)*

C Choose whether each noun is likely to take -스럽다 **or** -답다.

1	선수	답다/스럽다 / both
2	실망	답다/스럽다 / both
3	자랑	답다/스럽다 / both
4	남자	답다/스럽다 / both
5	그녀	답다/스럽다 / both
6	혼란	답다/스럽다 / both
7	선생님	답다/스럽다 / both
8	의심	답다/스럽다 / both

Remember that Korean is comprised of pure Korean words and words of Chinese origin. Endings like -답다 and -스럽다 are pure Korean affixes which allow the speaker to manipulate the meaning of the Chinese origin noun. The language couldn't function without these elements, because all words of Chinese origin in Korean by themselves are nouns. Pure Korean words and particles must be added in order for these words to be used as part of the Korean language.

D Complete using either -답다 or -스럽다 in its correct form.

1 이렇게 주말에 숙제 많이 주는 것은 정말 우리 선생님_____일이다.
2 나는 우리 동생이 정말 자랑_____ .
3 기념일에 꽃을 사주는 것이 정말 그녀_____일이었다.
4 그 사람의 의도는 조금 의심_____.
5 오늘 날씨는 정말 아름_____.
6 가끔 나_____지 않은 행동을 해요.

Meaning and usage

Using N+을/를 위해 and N+을/를 위한 to express *for* or *on behalf of*

The object marker 을/를 with the constructions 위해 and 위한 can be added to nouns to mean *for.*

시험을 위해 정말 열심히 준비했어요.	*(I prepared very diligently for the test.)*
우리 여동생을 위해 요리했어요.	*(I cooked for my little sister.)*
우리 형을 위한 선물을 샀어요.	*(I bought a gift for my older brother.)*
선생님은 우리를 위한 레슨을 준비했어요.	*(The teacher prepared a lesson for us.)*

1 **N+을/를 위해** is used when 위해 is followed by a verb.

부모는 아이들을 위해 많이 희생해요.	*(Parents sacrifice a lot for their children.)*
오늘 경기를 위해 연습해야 돼요.	*(Today I need to practise for the game.)*

2 **N+을/를 위한** is used when 위한 is followed by a noun.

수업을 위한 책을 사야 했어요.	*(We had to buy a book for the class.)*
여자 친구를 위한 식사를 준비했어요.	*(I prepared a meal for my girlfriend.)*

How to form sentences using *for*

1 To form these sentences correctly, one must identify whether an action is being done for something or whether a noun is existing for something. The emphasis of the sentence will change, depending on whether **N+을/를 위해** or **N+을/를 위한** is used.

여행을 위해 오랫동안 준비했어요. *(I prepared for the trip for a long time.)*

여행을 위한 준비를 다 했어요. *(I did all of the preparation for the trip.)*

2 Sometimes, in order to emphasize the word *for*, 위해서 may be used in place of 위해.

학생들은 시험을 위해서 공부했어요. *(The students studied for the test.)*

친구를 위해서 숙제 했어요. *(I did homework for my friend.)*

E Complete with either -을 위해 or -을 위한.

1 축제 _____ 계획을 세웠나요?
2 우리 동아리_____ 예산도 필요해요.
3 동료들_____ 요리해 줬어요.
4 신부님은 우리의 가족_____ 기도해 줬어요.
5 데이트_____ 준비했어요.
6 부모님의 결혼 기념일_____ 파티를 계획했어요.

Vocabulary

F Put the words into the categories.

| 설레다 | 화나다 | 기쁘다 | 우울하다 | 풀리다 | 착잡하다 |
| 헷갈리다 | 걱정하다 | 떨다 | 기분이 좋다 | 슬프다 | |

Nervous	Confused	Sad	Happy	Angry

G Write the emotion which matches the event described.

1 동생이 교통 사고가 난다   _____
2 친한 친구와 헤어진다   _____
3 좋아하는 영화를 보러 간다   _____
4 학교에서 발표한다   _____
5 좋은 선물을 받는다   _____
6 모르는 사람이 자신에게 욕한다   _____

H Complete the sentence with an emotion in the correct form.

1 정민이가 여자 친구와 처음 만났을 때 좋아서 정말 _____ .
2 우리 할아버지가 돌아가실 때 나는 _____ .
3 아침 일찍 일어나는 날에는 기분이 _____ .
4 중학교 친구들이랑 지금도 연락하고 지내는데 오랜만에 만나면 _____ .
5 사장님이 회사에서 갑질을 하니까 정말 _____ .
6 많은 사람 앞에서 발표하면 _____ .

I Choose the three sentences which do not include descriptions of emotions.

1 운동할 때 땀이 많이 나고 냄새 나서 여자 친구 만나기 전에 꼭 씻어야 합니다.
2 한국 영화가 너무 슬퍼서 잘 안봐요.
3 우리 아버지가 화나면 정말 무서워요.
4 내일 눈이 오니까 밖에 정말 추울 것 같아요.
5 성격 좋은 동료들이 있어서 원래 너무 심심했던 일상이 재미있어졌습니다.
6 어제 머리가 너무 아파서 눈물이 났습니다.

J Change the bold descriptions to an emotion.

1 나 하루 종일 **울었어** (_____).
2 오늘 그 사람한테 **소리 질렀어요** (_____).
3 어제 **웃었어요** (_____).
4 시험 점수가 잘 나와서 **미소 지었어요** (_____).
5 여자 친구 만날 때 **심장이 뛰어요** (_____).
6 선생님과 미팅할 때 혼날까 봐 **땀나고 그래요** (_____).

📖 Reading

K Read the first part of the text and answer the question: 요즘 왜 상담 받는다고 나오나요?

_____

요즘 내가 우울해서 상담을 받는다. 상담 해주는 선생님이 특별한 과제를 내주었다.
일지에 하루에 느끼는 감정에 대해 다 기록하는 것이다. 매일 그렇게 하고 있다. 매일
그렇게 기록해 보니까 조금 더 안정적인 느낌이 드는 것 같다.

L Read the diary entry and answer the questions.

오늘 아침에는 기분이 정말 좋았다. 왜냐하면 이제 곧 내 가장 친한 친구 미나의
생일이기 때문이다. 미나와 나는 생일날에 맛있는 태국 음식을 먹고, 영화를 같이
보기로 했다. 마음이 너무나 설렌다. 그렇지만, 아침에 날씨가 너무 안좋고 비가 와서
기분이 별로였다. 겨울에 내 기분은 날씨의 영향을 많이 받는다. 오전에 이메일을
받았는데, 교수님이 내일 수업 시간에 내가 발표를 해야 한다고 했다. 나는 준비가
아직 안 되어서 당황스럽고 걱정이 많이 되었다. 내일 수업 시간에 많이 떨 것 같다.
점심에 식당에 갔는데, 내가 주문한 음식이 너무 늦게 나와서 화가 났다. 그렇지만,
음식이 맛있어서 기분이 풀렸다. 화낼 일은 아녔던 것 같다. 배가 고파서 더 그랬던

듯하다. 저녁에는 강아지를 데리고 공원으로 산책을 갔다. 저녁 하늘이 너무 예뻐서 마음이 행복했다. 근데 내일 발표를 생각하니 다시 마음이 좀 착잡해졌다. 요즘 발표를 준비하면 머리가 아프고 혼란스럽다. 나는 수업이 너무 어렵다. 집에 들어가서 강아지랑 같이 놀다보니 다시 괜찮아졌다. 밤에 미나가 전화를 했다. 농담도 쳐주고 웃게 해줬다. 정말 미나다웠다. 미나는 항상 나의 마음을 편하게 해주는 친구다. 긴 하루가 지났다. 책상 위에 할어버지의 사진을 보았다. 할아버지 생각에 마음이 슬펐다. 그러나, 할아버지와 함께 한 시간을 생각하며 기쁜 마음으로 잠이 들었다.

이렇게 하루동안 느낀 감정을 다 써보니까 내가 정말 짧은 시간 안에 다양하게 느낄 수 있다는 것을 다시 한 번 알게 되었다. 시간을 가지고 내가 느끼는 감정에 대해 반성하고 생각하지 않으면 사는 게 바빠서 잘 모르고 지낼 듯 하다. 하지만 이렇게 기록하기 위해서 조금만 노력을 하면 나에 대해 더 알 수 있어서 좋다. 작은 노력의 큰 효과이다. 그런 효과를 얻을 수 있다면 이렇게 노력하는 것도 가치가 있다고 생각한다. 앞으로도 내가 살아가면서 어떤 감정들을 느끼고 살 지 궁금하다. 그런 감정들을 더 잘 이해하면서 내가 더 안정적인 사람이 될 수 있으면 좋겠다.

상담	counselling
과제	assignment
기록하다	to make a record
발표	presentation
반성하다	to reflect on something
효과	a result

1 아침에 글 쓴 사람이 어떤 감정을 느꼈나요?

_____

2 글 쓴 사람이 왜 떨 것 같다고 생각했나요?

_____

3 글 쓴 사람이 왜 화가 났다고 했나요?

_____

4 글 쓴 사람의 감정에 무엇이 영향을 미친다고 했나요?

_____

5 할아버지의 사진을 볼 때 어떤 느낌이 들었다고 했나요?

_____

 # Writing

M Write a diary entry about the emotions you felt today. Include the following. (Write 80–100 words)

▶ 좋은 감정과 안좋은 감정에 대해 모두 써보세요.

▶ 왜 그런 감정을 느꼈는지에 대해 써보세요.

▶ 이런 감정을 자주 느끼는지 아니면 오늘만 느꼈는지 써보세요.

_____

_____

_____

_____

_____

_____

_____

_____

_____

Self-check

Tick the box which matches your level of confidence.

1 = very confident   2 = need more practice   3 = not confident

자신이 다음과 같은 부분들을 얼마나 잘 이해하고 있는지 확인하고 표시하세요.

1 = 잘 이해하고 있음   2 = 연습이 더 필요함   3 = 이해하지 못함

	1	2	3
Form adjectives from nouns.			
Use adjectives to express emotion.			
Can understand the description of events, feelings and wishes (CEFR B1).			
Can convey degrees of emotion and highlight the personal significance of events and experiences (CEFR B2).			

15 재활용해서 환경을 보호합시다

Let's recycle and protect the environment

In this unit you will learn how to:

✓ Discuss prohibition and permission

✓ Use ending particles to make suggestions

CEFR: Can identify the main conclusions in clearly signalled argumentative texts (B1); Can explain a viewpoint on a topical issue giving the advantages and disadvantages of various options (B2).

으면/어도 되다   으면 안 되다

Meaning and usage

Permission and prohibition construction

In addition to 어/아야 하다 and 아/어야 되다, there are other constructions used to express that something is allowed or not allowed, but not necessarily required.

친구랑 공원에 놀아도 돼요.	*(You may play with your friend in the park.)*
오늘 바쁘면 가지 않아도 돼요.	*(If you're busy today, you don't have to go.)*
쓰레기는 재활용품 통에 넣으면 안 됩니다.	*(You cannot throw rubbish away in the recycling bin.)*

(으)면 되다, 아/어도 되다

(으)면 되다 and 아/어도 되다 are used to express that something is allowed or permissible. In most instances, 아/어면 되다 and 아/어도 되다 express the same meaning with very little difference.

How to form (으)면 되다 and 아/어도 되다

Like other verb endings that use the 아/어 form, the ending depends on the preceding vowel in the verb stem.

1 캔과 종이를 재활용품에 넣**어도 돼요.** *(You may put cans and paper in the recycling bin.)*

주말에 영화관에서 영화를 **보면 돼.** *(You may go to see a film at the cinema at the weekend.)*

2 (으)면 되다 and 아/어도 되다 can mean *may* or *it's OK if* _____. 아/어도 되다 in particular carries the connotation *even if you do* _____ *it's OK*.

내일 할 일이 없어서 오늘밤 늦게 자도 **돼요.** *(I don't have any work to do tomorrow, so even if I go to bed late tonight it's OK.)*

3 (으)면 되다 and 아/어도 되다 can also be used to ask for permission from others.

빈자리에 앉**으면 돼요?** *(May I sit in this empty seat?)*

비닐봉투 대신 종이봉투를 사용**해도 돼요?** *(Is it all right if I use a paper bag instead of plastic?)*

4 (으)면 되다 and 아/어도 되다 can also be replaced with (으)면 좋다 or 아/어도 좋다 to a similar effect.

공원에서 놀**아도 돼.** *(You may play in the park.)*

공원에서 놀**아도 좋아.** *(You may play in the park/It's OK if you play in the park.)*

A Change the sentences from expressions of obligation to expressions of permission using 아/어도 되다.

1 서울에서 부산까지 차로 가야 합니다.

_____.

2 아이가 과자를 먹기 전에 야채를 먹어야 돼.

_____.

3 쇼핑을 할 때는 에코백을 사용해야 돼요.

_____.

4 어디든지 앉아야 해요.

_____.

5 내일 저녁에 친구를 만나야 돼요.

_____.

6 오늘 빨리 시험 봐야 돼요.

_____.

(으)면 안 되다

Conversely, (으)면 안 되다 is used when something is not allowed, or is prohibited.

유기농 채소를 재배한다면 농약을 쓰**면 안 돼요.** *(If you grow organic vegetables, you cannot use pesticides.)*

쓰레기는 등산로에 버리**면 안 됩니다.** *(You may not throw litter on the hiking path.)*

How to form (으)면 안 되다

1 When using (으)면 안 되다 to express that something is prohibited, 안 must come after the primary verb that (으)면 attaches to. If not, the meaning changes.

수업시간에 휴대폰을 쓰**면 안 돼요**.   (*You may not use phones during class.*)

수업시간에 휴대폰을 안 쓰**면 돼요**.   (*It is OK as long as you don't use phones in class.*)

2 The form -지 않으면 안 되다 can be used to strongly emphasize that an action must be performed. That is, it must not not happen.

헨리 씨가 너무 아파서 병원에 가**지**   (*Henry is very sick, so he must go to the hospital.*)
않으면 안 돼요.   (*Literally: Henry is very sick so he can't not go to the hospital.*)

B Look at the English and choose which Korean translation to use.

-(으)면 안 되다 (a)

-지 않으면 안 되다 (b)

1 You may not go to the shop by yourself. _____
2 We have no choice but to solve our problems before tomorrow. _____
3 When it comes to college exams, you must study beforehand. _____
4 We are not to go outside after dark. _____
5 My mother said we could not eat sweets before dinner. _____
6 We really have to go directly to the shop to check the prices. _____

-지 않아도 되다

The construction -지 않아도 되다 means that a particular action is not necessary, and it is fine even if it is not performed. It corresponds to *don't have to* or *it's fine if you don't* _____.

금요일에 교복을 입**지 않아도 돼요**.   (*We don't have to wear our uniforms on Fridays.*)

내 심부름이 시간이 걸리니까 나를 **안**   (*My errands will take some time, so you don't have*
기다**려도 돼**.   *to wait for me.*)

How to form -지 않아도 되다

Long or short negation can be used in this construction. If using short negation, 안 comes before the content verb, and if using long negation, -지 않아도 is attached to the end of the content verb, before 되다.

오늘 스태프가 충분해서 일찍 출근하**지 않아도 돼요**.

오늘 스태프가 충분해서 일찍 출근 **안 해도 돼요**.

(*We have sufficient staff, so you don't have to come to work early.*)

C Choose ✓ or X according to whether the sentences are formed correctly or incorrectly.

1 감기에 걸리면 마스크를 쓰지 않아도 돼요.   ✓/X
2 회의 동안 전화를 받으면 안 돼요.   ✓/X

3 박물관 방문 규칙은 아주 엄격한데, 안에서 사진을 찍으면 돼요.   ✓/X

4 여기 직장은 편안해서 일하는 동안 음식을 먹지 않아도 돼요.   ✓/X

5 선생님은 친절해서 수업 시간 동안 질문을 해도 돼요.   ✓/X

6 공연이 시작된 후에 이야기하면 안 돼요.   ✓/X

D **Change the end of the sentence to either -지 않아도 되다 or (으)면 안 되다 depending on whether each action is often prohibited or not.**

1 실내에서 담배를 피우다

_____

2 날씨가 따뜻해서 자켓을 입다.

_____

3 식탁 예절에 따르면 입에 음식을 가득 넣은 채 말하다.

_____

4 비행기를 타면서 휴대폰을 사용하다.

_____

5 아이가 점심에 많이 안먹어서 저녁에도 잘 안먹다.

_____

6 밤에 개인적인 일 있으면 미팅에 가다.

_____

Meaning and usage
Expressing suggestions

Certain sentence endings are used to make suggestions and recommendations, particularly doing something together. These endings, -자 and -ㅂ시다, correspond to _let's_ in English.

날씨가 좋으니 운전하는 대신 걸어가**자**.   _(The weather is nice, so let's walk instead of driving.)_

시간이 있으면 커피 한 잔 **합시다**.   _(If you have time, let's get a coffee.)_

How to form -자 and -ㅂ시다

1 -자 and -ㅂ시다 have very similar meanings, and are used to make suggestions. -자 is used in informal and casual situations. -ㅂ시다 is used with the polite form. -자 is not used with any polite or formal endings such as -아/어요 or -ㅂ니다.

진아야 내일 쇼핑을 같이 **하자**.   _(Jina, let's go shopping tomorrow.)_

Incorrect: 진아 씨, 내일 쇼핑을 같이 하자요.

오빠, 저녁을 같이 **준비합시다**.   _(Brother, let's cook dinner together.)_

2 When making a suggestion to someone who is older or of a higher social status, -시 is used instead, usually as a request.

사장님, 회의 전에 발표를 논의해 주세요.   *(Boss, please discuss the presentation with me before the meeting.)*

3 -지 말자 and -지 맙시다 can be used when suggesting not to do something.

등산하고 싶었지만 비가 오니 가**지 맙시다**. 주말에 갑시다.   *(I wanted to go hiking, but it's raining so let's not go. Let's go next week.)*

점심에 과자만 먹었으니 저녁에 햄버거를 먹지 **말자**. 건강한 음식을 먹자.   *(I only ate snack food at lunch, so let's not eat hamburgers for dinner. Let's eat something healthy.)*

While - ㅂ시다 is more polite than -자, it is still not used to superiors. However, someone of a higher social status can use - ㅂ시다 when speaking to someone younger or of a subordinate status.

Grammatically correct, but culturally inappropriate: 사장님, 회의 전에 발표에 대해서 얘기합시다. (Boss, let's discuss the presentation before the meeting.)

Grammatically and culturally appropriate: 직원 여러분, 회의 전에 발표에 대해서 얘기합시다. (Employees, let's discuss the presentation before the meeting.)

E Write the sentences using both 자 **and** - ㅂ시다.

1 등갈비를 주문하다.

_____.

2 다음 주말에 공원에 가다.

_____.

3 추석이 되면 윷놀이를 하다.

_____.

4 들어가면 안 되는 곳에 가지 말다.

_____.

5 영화관에 가기 위해 택시를 부르다.

_____.

6 벚꽃을 보다.

_____.

7 음악을 잘 듣다.

_____.

F Change the verb into a suggestion, using the form in brackets.

1 읽다 (-ㅂ시다)

_____.

2 보다 (-자)

_____.

3 방문하다 (-자)

_____.

4 공부하다 (-ㅂ시다)

_____.

5 가르치다 (-ㅂ시다)

_____.

6 먹다 (-자)

_____.

G Change into suggestions. Pay attention to the appropriate level of formality.

1 그 영화 나중에 보러 갈래?

_____.

2 이러지 말고 우리 숙제에 집중해요.

_____.

3 우리 내일 김밥 먹으러 꼭 가!

_____.

4 쓰레기 버릴 때 될 수 있으면 재활용하도록 해.

_____.

5 내일 병원에 가서 의사랑 얘기해요.

_____.

6 강아지를 산책 시켜.

_____.

Vocabulary

H Put the words into the categories.

신문	비닐봉투	물병	책	뼈	콜라 캔
와인 잔	박스	맥주 캔	소주병	오렌지 껍질	깨진 창문
썩은 사과	비닐 장갑	커피 캔			

1 종이
2 비닐
3 캔
4 유리
5 음식물

I Match the definition with the adjective it could most likely be paired with.

1	공기	a	맑다, 깨끗하다
2	미세 먼지	b	중요하다, 필요하다
3	오염	c	부옇다, 노랗다
4	재활용	d	심각하다, 더럽다
5	분리수거함	e	불편하다, 비싸다
6	마스크	f	복잡하다, 귀찮다

J Complete the sentences with the appropriate words.

서울 (1) _____가 원래 깨끗했는데 요즘 (2) _____ 때문에 (3) _____ 쓰고 다녀야 돼요.

(4) _____ 문제를 해결하려면 (5) _____이 중요해요. 한국은 아파트마다 (6) _____ 이 있어요.

📖 Reading

K Read the first part of the text and answer the question:

글 쓴 사람이 블로그 글을 왜 올리기로 했나요? _____

> 이 블로그에는 원래 정치적인 애기를 쓰지 않아요. 하지만 요즘 사람들이 많이 이야기하고 있는 환경 문제는 단순한 정치 문제라고 생각하지 않아요. 그래서 이 주제에 대해 제 생각들을 간단히 여기에 써야 할 것 같아요.

L Read the rest of the text and answer the questions.

환경 보호를 위해 우리는 무엇을 했나요? 얼마 전 남극의 빙하가 녹아 내리는 광경을 보았어요.

캘리포니아의 산불이 너무 심해서, 캘리포니아의 하늘이 오렌지색이 된 것을 보았어요. 너무 무서웠어요. 이제는 더 이상 환경을 방치할 수 없어요. 지구가 너무 아파요. 무엇인가 할 수 있는 일을 찾아서 해야 해요. 저는 플라스틱 용기를 줄이고, 쓰레기를 줄이는 일이 제가 할 수 있는 일이라고 생각해요. 슈퍼마켓에 가서 사과 4개를 샀는데, 사과 포장이 쓸데없이 플라스틱으로 되어 있었어요. 오늘 하루 제가 사고 버린 플라스틱이 한 봉지 가득이에요. 플라스틱 대신에 종이 가방을 쓰거나, 각자 자기 가방을 사용해야 해요. 이를 위해서, 식료품 회사나 슈퍼마켓에서 환경을 생각하는 포장 방법을 생각하고 활용해야 한다고 봐요. 또 한 가지, 환경 보호를 위해 고기 - 특히 소고기를 덜 먹어야 한다고 생각해요. 소고기 대신에 두부와 같은 콩 단백질이 건강에 좋다는 것을 사람들에게 알려줘야 한다고 생각해요. 대부분의 사람들은
환경 문제에 대해 관심을 안 가지는 것 같아요. 그래서 특히 어린 학생들에게 환경을 생각하는 가치관을 가르치고 생활 습관을 알려주는 것이 아주 필요하다고 봐요. 더 이상 방관하면 안돼요. 시간이 없으니까요. 환경 보호는 한 사람의 힘으로, 한 나라의 힘으로 할 수 없어요. 지구촌 모든 사람들이 힘을 합해서 지켜야 해요.

V

환경	environment
단순하다	simple
산불	mountain fires
남극	Antarctica
빙하	glacier
용기	container
포장	wrapping

1 글 쓴 사람이 캘리포니아 하늘에 대해 뭐라고 썼나요?

_____

2 글 쓴 사람이 대부분의 사람들이 환경 문제에 대해 어떻다고 했나요?

_____

3 글 쓴 사람이 덜 써야 한다고 한 것 두 가지를 써보세요.

_____

4 덜 쓰기로 한 것 대신에 쓰려고 하는 것을 한 개 써보세요.

_____

5 글 쓴 사람이 한 사람의 힘으로, 한 나라의 힘으로 못 하는 것이 무엇이라고 했나요?

_____

6 글 쓴 사람은 환경 문제를 누가 해결해야 한다고 했나요?

_____

 # Writing

M Write your own blog post about the environment. Include the following. (Write 80–100 words)

▶ 자세하게 어떻게 하면 환경 문제를 해결할 수 있는지 써보세요.

▶ 자신은 환경 문제를 어떻게 해결하려고 하고 있는지 써보세요.

▶ 왜 어려운지에 대해 써보세요.

_____

_____

_____

_____

_____

_____

_____

_____

_____

Self-check

Tick the box which matches your level of confidence.

1 = very confident   2 = need more practice   3 = not confident

자신이 다음과 같은 부분들을 얼마나 잘 이해하고 있는지 확인하고 표시하세요.

1 = 잘 이해하고 있음   2 = 연습이 더 필요함   3 = 이해하지 못함

	1	2	3
Discuss prohibition and permission.			
Use ending particles to make suggestions.			
Can identify the main conclusions in clearly signalled argumentative texts (CEFR B1).			
Can explain a viewpoint on a topical issue giving the advantages and disadvantages of various options (CEFR B2).			

16 언어 좀 공부할래요?
Do you want to study a language?

In this unit you will learn how to:

✓ Use sentence endings to express surprise and confirmation

✓ Use transitive and intransitive verbs

CEFR: Can read straightforward factual texts on subjects related to his or her field and interest with a satisfactory level of comprehension (B1); Can summarize, report and give opinion about accumulated factual information on familiar matters with some confidence (B1).

Adding emotion through verb endings		
Seeking confirmation	Expressing surprise	Showing discovery
-지	-네	-군

Meaning and usage

Sentence endings

1 Korean has a wide array of sentence endings that express a wide range of meanings. Three of them are -네, -군 and -지. -네 and -군 are used to express surprise, whereas -지 is used to ask for confirmation.

마리아씨는 외국인인데 한국말을 정말 잘 하**네요**.	(Maria is foreign, but she speaks Korean really well.)
창문 밖에서 나무들이 흔드는데 바람이 진짜 세**군요**.	(The trees are shaking outside the window, the wind must be strong.)
내일 회의에 회장님이 참석하시**지요?**	(The Chair is attending the meeting tomorrow, right?)

-지

1 -지 is a sentence ending that is used to ask for confirmation of a held belief. It is very similar to using *isn't it?* or *right?* at the end of a sentence.

마리아 씨는 스페인 사람**이지요?**	(Maria is Spanish, isn't she?)
아니요, 프랑스 사람이에요.	(No, she's French.)
이번 주말에 회사 야유회에 갈 거**지요?**	(You're going to the company picnic this weekend, right?)
예, 당연히 갑니다.	(Yes, of course I am going.)

2 -지 is only used in questions to ask for confirmation of an already known or assumed fact. It is not used in imperative or declarative sentences.

진아는 이미 점심을 먹었**지요?**	(Jina has taken her lunch break already, hasn't she?)

How to form -지

In colloquial speech, -지요 is frequently shortened to -죠.

승원이가 매운 것을 좋아하죠?   *(Sungwon likes spicy food, right?)*

When used with the verb 이다 *(to be)*, if the noun before 이다 ends with a vowel, -지 can be directly attached instead of writing -이지. With nouns that end in consonants, -이지 will be attached.

헨리의 누나가 간호사지요?   *(Henry's sister is a nurse, right?)*
헨리의 형이 경찰관이지요?   *(Henry's brother is a police officer, right?)*

A Change the verb endings to use -지. Use the correct form, depending on the ending.

1 공부해요   _____
2 읽었어요   _____
3 가   _____
4 빨라요   _____
5 봤어   _____
6 하셨어요   _____

-네

-네 is used to express surprise at an event that you have directly witnessed or experienced. It is used as a gentle exclamation and carries a similar meaning to *wow!* or *oh my!* in English.

일을 벌써 다 끝냈어요? 열심히 했겠네요.   *(You've already finished all your work? You must have been working hard!)*

How to form -네

1 -네 is primarily used in conversation, not in writing. -네 can take the -요 polite ending, but not -ㅂ니다.

밖에서 눈이 와요. 겨울이 진짜 왔네!
밖에서 눈이 와요. 겨울이 진짜 왔네요!   *(It's snowing outside. Winter is really here!)*

2 When -네 is added to the end of an adjective or verb that ends in ㄹ (e.g. 멀다), ㄹ is dropped.

한 시간 동안 운전했는데 아직도 목적지에   *(We've been driving for an hour but still haven't*
못 도착했어. 진짜 머네!   *reached our destination. It really is far!)*

3 -네 can only be used in situations in which one has directly experienced a situation.

진아씨의 요리는 아주 맛있네요.   *(Jina's cooking is really delicious.)*

This sentence can only be used if the speaker has experienced and eaten Jina's cooking.

4 When used with nouns, -이네 is used if the noun ends in a consonant. No change is made for verbs or adjectives that end in consonants.

예쁜 가방**이네요!** (What a pretty bag!)

예쁜 반지**네요!** (What a pretty ring!)

5 -네 is also frequently used when agreeing with someone, especially if the other party uses the -지 confirmation ending.

헨리 씨가 키가 크시지요? (Isn't Henry tall?)

네, 진짜 크**네요**. (Yes, he is quite tall.)

B Change the verb endings to use -네. Use the correct form, depending on the ending.

1 행복해요 _____

2 느꼈어요 _____

3 와 _____

4 느려요 _____

5 줬어 _____

6 보셨어요 _____

-군

-군 is a sentence ending used similarly to -네 to express surprise and discovery. It is similar to *I see that* _____ and places emphasis on the discovery of something new. It can also be used to make a supposition based on new information.

승원 씨는 하루 종일 책상에 앉아서 기침해요.
감기에 걸렸**군요**.

(Sungwon has been coughing at his desk all day. It seems he's caught a cold.)

How to form -군

-군 is used more frequently in writing than -네. In more polite situations, -군 can join with the -요 ending. In informal speech, -군 is often pronounced as -구나.

비가 멈췄**구나!** (I see the rain has stopped!)

-군 can be used to make assumptions based on new information, even if one has not experienced the situation directly. In this usage, it is similar to *it must be* _____.

식당 앞에서 아주 긴 줄이 있어요.
음식이 진짜 맛있겠**군요**.

(There is a long queue outside that restaurant. Their food must be delicious.)

In this situation, the speaker can express surprise at the quality of the food without having actually tasted it. In this situation, it would be inappropriate to use -네 to convey the sense of surprise, because the speaker has not personally experienced it.

With active verbs, the verb stem will attach to -는군요 instead of -군요.

정말 축구 잘 하**는군요!** (He really plays football well!)

Because verb endings are used in Korean to express emotion, it is easier to understand and express tone of voice in writing than it is in English. Rather than emphasizing through pitch or intonation, Koreans use these endings to show how they feel about a situation, and they are used both in writing and in speech. This allows written communication to maintain a spoken feeling.

Try to keep your tone of voice in mind as you write in Korean. For instance, where in English you might write:

I can't believe you're coming!

In Korean, you can emphasize your surprise even more by writing:

오는 걸 믿을 수없네!

C Choose ✓ or X according to whether the sentences are formed correctly or incorrectly.

1 민지 남동생 키가 크군요.   ✓ / X
2 아, 네가 먼저 저녁밥을 사러 갔군요.   ✓ / X
3 한국어 말하기는 어렵네요.   ✓ / X
4 지구 표면은 거의 다 물이네요.   ✓ / X
5 차량 보험이 그렇게 중요하군요.   ✓ / X
6 마크가 한국어 잘 하시네요.   ✓ / X

D Change the verb endings to use -군. Use the correct form, depending on the ending.

1 슬퍼요   _____
2 울었어요   _____
3 받아   _____
4 웃겨요   _____
5 웃었어   _____
6 아셨어요   _____

E Complete the sentence, according to the description in brackets. Pay attention to the level of formality.

1 내일 날씨가 많이 안 좋을 거라고 했 _____ (seeking confirmation, informal)
2 저 옷이 너무 예뻐 _____ (showing surprise, formal)
3 그 사람은 영어를 원어민 처럼 하 _____ (showing surprise about something not personally seen, informal)
4 이 가게 옷은 진짜 비싸 _____ (showing surprise, informal)
5 어머니 교회에 갔다 오셨 _____ (seeking confirmation, formal)
6 아드님이 많이 컸 _____ (showing surprise about something not personally seen, formal)

F Choose a Korean ending which can express the same feeling in the English sentence.

1 Don't you need to go to the market to buy some apples tonight? _____

2 That film was so entertaining. _____

3 I see you bought a different model of computer to last year. _____

4 Isn't it strange how cold it gets at nighttime here? _____

5 Wow, it is snowing so much today! _____

6 It appears that this year will be even busier than last. _____

Meaning and usage

Transitive, intransitive and ditransitive verbs

The transitivity of a verb defines whether a verb can take an object or not. Transitive, intransitive and ditransitive are some forms of transitivity.

Transitive verbs

1 Transitive verbs can take an object (e.g. in the sentence *I eat apples*, the verb *eat* has taken the object *apples*, which makes it transitive). This includes verbs like 먹다, 보다 and 찾다.

Transitive verbs can take a direct object. The direct object is marked with the 을/를 object particle.

헨리는 회장을 만났어요.   (*Henry met the Chair.*)
승원은 떡볶이를 먹었어요.   (*Sungwon ate tteokbokki.*)

2 Even if a verb is transitive, it does not necessarily require an object. This does not change the transitivity of the verb.

승원이 먹었어요.   (*Sungwon ate.*)
나는 (책을) 읽었어.   (*I read (a book).*)

Intransitive verbs 자동사

Intransitive verbs are a class of verbs that do not take an object. Common intransitive verbs include 뛰다 and 앉다.

1 Because intransitive verbs do not take an object, the object particle 을/를 should not be used when describing the agent of an intransitive verb. The topic particle 은/는 or the subject particle 이/가 is used.

저는 잤어요.   (*I slept.*)
저를 잤어요.   (*incorrect*)

2 Passive verbs are inherently intransitive. Some passive verbs have a transitive, active counterpart.

문이 닫혔어요.   (*The door is closed.*)
진아가 문을 닫았어요.   (*Jina closed the door.*)

3 Some verbs that are regularly translated into transitive verbs in English are actually intransitive verbs in Korean. This includes the intransitive verbs 있다 (*to have/exist*), 없다 (*to not have/not exist*) and 필요하다 (*to be necessary*). Be careful not to use 을/를 in these instances.

저는 오빠**가** 있어요.   (*I have a brother.*) (Literally: With regards to me, a brother exists.)

빵을 만들기 위해서 밀가루**가** 필요해요.   (*I need flour to make bread.*) (Literally: To make bread, flour is necessary.)

4 Some verbs can be used both as transitive and intransitive verbs without changing form.

헨리는 손가락을 움직였어요.   (*Henry moved his finger.*)
헨리가 움직였어요.   (*Henry moved.*)

G **Write the transitive or intransitive forms of the verbs.**

  1 닫다 (intransitive) _____
  2 열리다 (transitive) _____
  3 이어지다 (transitive) _____
  4 쌓다 (intransitive) _____
  5 모이다 (transitive) _____
  6 늘다 (intransitive) _____

H **Correct the underlined particle in the sentence, or leave it as is if no correction is needed.**

  1 자동차 문을_____ 닫혔어!
  2 그 사람은 정말 많은 책을_____ 갖고 있어요.
  3 김민수가 너무 피곤해서 몸을_____ 못 움직였어요.
  4 제가 제대로 공부하려면 시간을_____좀 더 필요합니다.
  5 나는 돈을_____ 필요해.
  6 어머니 지금 집에 동생을_____ 없어요?

Ditransitive verbs

Ditransitive verbs (also called bitransitive verbs) are verbs that can take two objects. Ditransitive verbs include 주다 (*to give*), 가르치다 (*to teach*) and 보내다 (*to send*).

헨리는 마리아를 회사에 **소개했어요**.   (*Henry introduced Maria to the company.*)
저는 부장님께 이메일을 **보냈어요**.   (*I sent an email to the Department Head.*)

1 Ditransitive verbs take two objects, the indirect object and the direct object. The direct object is marked with 을/를. The indirect object (or the recipient) is marked with the dative particles like 에게 (*to*), or 에게서 (*from*).

선생님이 학생들**에게** 수학을 가르쳐 줬어요.   (*The teacher taught maths to the students.*)

2 Many causative verbs, like 먹이다 (*to feed*) or 앉히다 (*to seat someone*), are also ditransitive.

아이가 사과를 먹었어요.   (*The child ate an apple.*)
엄마가 아이**에게** 사과를 먹였어요.   (*The mother fed the child an apple.*)

3 Transitive verbs can become ditransitive if they are done for another person. In these instances, 주다 will often be added.

저는 케이크를 구웠어요. *(I baked a cake.)*

저는 케이크를 마리아에게 구워 줬어요. *(I baked a cake for Maria.)*

I Choose whether the verb is transitive, intransitive or ditransitive. If the verb has multiple transitivities, choose more than one.

1	웃다	Transitive / Intransitive / Ditransitive
2	쓰다	Transitive / Intransitive / Ditransitive
3	요리하다	Transitive / Intransitive / Ditransitive
4	사라지다	Transitive / Intransitive / Ditransitive
5	주다	Transitive / Intransitive / Ditransitive
6	말하다	Transitive / Intransitive / Ditransitive
7	원하다	Transitive / Intransitive / Ditransitive
8	필요하다	Transitive / Intransitive / Ditransitive

Vocabulary

J Put the words into the categories.

문법 단어 외우다 회화 유창하다 원어민 모국어 독학

공부	언어

K Complete the text.

스티브는 한국어를 정말 잘 한다. (1)_____ 인 줄 알았다! 다 (2)_____으로 혼자서 배웠다. 모국어가 아니어서 어려운 부분이 많다. (3)_____는 그냥 하나씩 외우면 된다. 아무래도 (4)_____은 혼자서 배우기 힘들다. 그런데 영어 공부할 때 혼자서 단어 (5)_____는 것이랑 사람들과 함께 (6)_____ 하는 것이랑 다르다. 민수 씨가 영어를 (7)_____게 해서 정말 부럽다.

L Write the word for each definition.

1 여러 사람과 함께 이야기 나누는 것: _____
2 태어나거나 자라난 나라의 언어: _____
3 혼자서 공부하는 것: _____
4 확인하지 않고 읊거나 말할 수 있게 공부하는 것: _____
5 언어를 모국어 처럼 말하는 것: _____
6 모국어인 언어를 말하는 사람: _____

📖 Reading

M Read the text and answer the question: 영어에 대해 뭐라고 했나요? _____

세계 어느 곳도 이제는 한 가지 언어로만 살 수 없다. 세계인들은 자기가 태어난 고향의 말, 그리고 더 큰 지역의 공용어 그리고, 세계 공용어인 영어를 한다.

N Read and answer the remaining questions.

한국에도 이제는 외국인이 많이 살고 있다. 영어는 더 이상 미국이나, 영국, 호주만의 언어가 아니다. 2050년이 되면 영어를 제 2외국어로 쓰는 사람들이 영어를 모국어로 쓰는 사람보다 많아질 것이라고 한다. 영어는 세계인의 공용어가 되었다. 영어를 배워서 세계인과 소통하는 것이 중요하다. 그렇지만, 이것이 영어만 하라는 말은 아니다. 영어를 모국어로 하는 사람들도 영어 이외의 다양한 말을 배우는 것이 중요하다. 넬슨 만델라가 남긴 유명한 말 중에 다음과 같은 말이 있다. "당신이 상대방이 '이해할 수 있는' 언어로 말을 한다면, 그 말은 그 사람의 머릿속으로 갑니다. 그렇지만, 당신이 상대방의 언어로 '말을 한다면', 그 말은 그 사람의 마음속으로 갑니다." 타인의 언어와 문화에 대한 열린 마음을 강조한 말이다. 이제는 동남 아시아, 중국, 일본뿐 아니라 영미권을 비롯해서 여러 나라 사람들이 한국에 와서 공부하고, 일하고, 혹은 가정을 꾸리며 더불어 살아간다. 그런데, 우리는 얼마나 그 사람들의 언어에 관심을 갖고, 알고 배우고자 하는가? 우리는 우리 사회의 새로운 이웃들이 우리의 말을 배울 것만을 강요하지, 우리도 그들의 말과 문화를 배워야 한다고는 별로 생각하지 않는 것 같다. 서로가 서로의 말에 관심을 갖고 알고자 하는 마음은 아주 중요하다.

언어를 배우는 사람들은 그것이 얼마나 중요한 지는 잘 알고 있지만 가끔 얼마나 어려운지는 잘 모른다. 사실 언어를 배우는 것이 쉽지만은 않다. 대부분의 사람은 언어를 어릴 때 배우지 않으면 유창해지는 데 시간이 많이 걸린다. 왜냐하면 언어를 잘 해지려면 연습을 많이 해야 되기 때문이다. 원어민들과 함께 회화하면서 배우는 것이 제일 효과적일 것이다. 하지만 원어민 친구가 없어도 혼자서 독학으로 배울 수 있다. 배우려는 언어로 영화나 드라마 같은 것을 보면 도움이 될 것이다. 방법이 무엇이든 꾸준히 하는 게 제일 중요하다. 포기하지 않고 언어를 배우면 나중에 후회하지 않을 것이다.

공용어	universal language
세계인	the people of the world
소통하다	to communicate
머리속	inside a person's head
타인	other people
비롯하다	starting with
가정을 꾸리다	to raise a family

1 2050년에 예측된 것은 무엇일까요?

_____

2 넬슨 만델라는 뭐라고 말했나요?

_____

3 위 기사에서 현재 한국에 살기 위해 어떤 나라 사람들이 온다고 말하고 있나요?

_____

4 왜 언어를 배우는 것은 오랜 시간이 걸리나요?

_____

5 방법에 관계없이 언어 학습에서 가장 중요한 것은 무엇일까요?

_____

Writing

O **Write a text about why you feel it is important to study languages. Include the following. (Write 80–100 words)**

▶ 자신이 다른 언어를 배워봤는지에 대해 써보세요.

▶ 누가 다른 언어를 배우면 좋은지에 대해 써보세요.

▶ 다른 언어를 배울 때 어떤 게 어려운지에 대해 써보세요.

_____

_____

_____

_____

_____

_____

Self-check

Tick the box which matches your level of confidence.

1 = very confident   2 = need more practice   3 = not confident

자신이 다음과 같은 부분들을 얼마나 잘 이해하고 있는지 확인하고 표시하세요.

1 = 잘 이해하고 있음   2 = 연습이 더 필요함   3 = 이해하지 못함

	1	2	3
Use sentence endings to express surprise and confirmation.			
Use transitive and intransitive verbs.			
Can read straightforward factual texts on subjects related to field and interest with a satisfactory level of comprehension (CEFR B1).			
Can summarize, report and give opinion about accumulated factual information on familiar matters with some confidence (CEFR B1).			

17 좋은 이력서를 어떻게 만들까요?

What do you need to build an effective CV?

In this unit you will learn how to:

✓ Express order of events using sequential connectors

✓ Express causes of positive and negative results

CEFR: Can understand texts that consist mainly of high frequency everyday or job-related language (B1); Can describe in simple terms aspects of his or her background, immediate environment and matters in areas of immediate need (A2).

← 제가 공부하기 전에   제가 공부해요   제가 공부한 후에 →

Meaning and usage

Sequential connectors

1 Sequential connectors are used to express the order in which events take place. In English, these connectors include *before, after, during, next* etc. Four sequential expressions are used in Korean: (-기) 전에, 은/ㄴ 후에, 은/ㄴ 다음에 and -(으)면서.

헨리 씨는 직장을 바꾸**기 전에** 은행에서 일했어요.	*(Before Henry changed jobs, he worked as a banker.)*
퇴근**한 후에** 헬스클럽에 가려고 해요.	*(After I finish work, I plan to go to the gym.)*
오늘 바빠서 일하**면서** 점심을 먹었어요.	*(Today was busy, so I ate my lunch while working.)*
대학교 졸업한 **다음에** 취직하고 싶어요.	*(After I graduate from university, I want to find a job.)*

(-기) 전에

1 (-기) 전에 is used to express that something happened before something else occurred.

2 When used with time expressions, 전에 can also mean *ago*.

2년 **전에** 한국에 처음에 왔습니다.	*(I first came to Korea two years ago.)*
1시간 **전에** 일어났어요.	*(I woke up an hour ago.)*

How to form (-기) 전에

1 When used with a noun, 전에 can be used directly after the noun in question. When used with a verb, -기 is added to the verb stem. With -하다 verbs, 하다 can be omitted.

식사 **전에** 손을 씻으세요.   *(Please wash your hands before meals.)*

Or

식사하**기 전에** 손을 씻으세요.
대학교를 졸업하**기 전에** 음악 동호회에   *(Before I graduate from university, I want to join a*
가입하고 싶어요.   *music society.)*

When used for the future tense, something you will do, only the verb following 전에 is conjugated for the future tense. Verbs attached to -기 전에 are not conjugated into the future tense.

한국으로 이사하**기 전에** 한국어를 배울   *(I will learn Korean before I move to Korea.)*
거예요.

 A **Connect the two phrases using** -기 전에 **to indicate that the second phrase happens before the first.**

1 학교에 가. 밥 먹어야 돼.

_____

2 시험 봐. 친구랑 만나기로 했어.

_____

3 일 그만 둬요. 사장님께 말씀 드려야 돼요.

_____

4 저녁 식사합니다. 일을 끝낼 겁니다.

_____

5 운동을 해요. 스트레칭 하고 싶어요.

_____

6 공부해. 알바했어.

_____

은/ㄴ 후에; 은/ㄴ 다음에

1 후에 and 다음에 are expressions that mean *after* and *next* respectively. These verb endings signify that one event takes place after another.

2 When used in ㄴ 후에 and ㄴ 다음에 constructions there is no difference in meaning between 후에 and 다음에. Both are acceptable in polite situations, although 후에 may sound slightly more formal.

밥 먹은 후에 친구 보러 가자.   *(After we eat, let's go see a friend.)*
밥 먹은 다음에 친구 보러 가자.   *(After we eat, let's go see a friend.)*

3 However, since 다음 literally means *next*, it is used in phrases like *next week*. 후에 is not interchangeable with 다음 in these situations.

다음 주말에 다 같이 모이자.　　　　*(Let's all meet up next weekend.)*
다음 역에 내리세요.　　　　　　*(Please get off at the next stop.)*

When used after a time expression, 후에 also has the meaning *from now*.

1년 후에 은퇴해요.　　　　　　　*(I will retire in a year from now.)*

How to form 은/ㄴ 후에 and 은/ㄴ 다음에

Like with 전에, 후에 and 다음에 can be added directly after nouns and nominals that are used in -하다 verbs. When using 후에 or 다음에 after a verb, 은 후에/다음에 is used if the verb stem ends in a consonant, and ㄴ 후에/다음에 is used if the verb stem ends in a vowel.

식사 **후에** 설거지를 해요.　　　　*(I wash the dishes after a meal.)*
밥을 먹은 다음에 설거지를 해요.　　*(I wash the dishes after eating.)*
커피를 마**신 후에** 이를 닦아요.　　 *(I brush my teeth after drinking coffee.)*

 B Rewrite the following sentences with 후에, keeping the order of events.

1 우리가 밥 먹기 전에 운동해요.

_____

2 디저트 먹기 전에 건강에 좋은 음식 먹어.

_____

3 친해지기 전에 서로 알아가요.

_____

4 취직하기 전에 공부 많이 해요.

_____

5 영화 보기 전에 책 읽어요.

_____

6 차 사기 전에 돈 모아요.

_____

-(으)면서

1 (으)면서 is used to describe two events that are going on simultaneously. It is similar to *during* or *while* in English.

운동하**면서** 음악을 들어요.　　　　*(I listen to music while working out.)*
신문을 읽**으면서** 아침 식사를 먹어요.　*(I read the newspaper while eating breakfast.)*

How to form (으)면서

1 (으)면서 can only attach to verbs. It cannot follow immediately after nouns. In instances where a -하다 verb is used, -하다 must be included.

공부하**면서** 커피를 마셔요.   *(I drink coffee while studying.)*
공부 면서 커피를 마셔요.   *(Incorrect.)*

2 The rules for attaching (으)면서 to a verb stem are the same as attaching (으)면.

밥을 하**면서** TV를 봐요.   *(I watch TV while cooking.)*

3 When using (으)면서, the subject of both clauses must be the same person. If two different people are doing each action, the construction -는 동안 is used instead.

저는 노래하**면서** 춤을 춰요.   *(I dance while I sing.)*
언니가 노래하**는 동안** 저는 춤을 춰요. *(I dance while my older sister sings.)*

4 As with 전에 or 후에, the verb preceding (으)면서 is never conjugated into the past or future tense.

승원 씨가 대학교 다니**면서** 알바도 했습니다.   *(Seungwon worked a part-time job while attending university.)*

C **Combine the two phrases (using -면서) to indicate that the first happens during the second.**

1 밥 먹어요. 텔레비전을 봐요.

_____

2 공부해요. 음악을 들어요.

_____

3 영화를 봐요. 울었어요.

_____

4 운전해요. 통화하면 위험해요.

_____

5 친구랑 이야기해요. 핸드폰을 봤어요.

_____

6 운동해. 여러가지 생각이 많이 들어.

_____

D **Attach -기 전에, 은/ㄴ 후에 and (으)면서 to each verb, depending on the context.**

1 듣다

나는 음악 _____ 공부하면 집중이 잘 안돼요.

2 계산하다

원래 식당에 가면 _____ 식사를 해요.

3 사귀다

보통 남자 친구나 여자 친구랑 좀 _____ 부모님 만나러 갑니다.

4 배우다

언어를 _____ 자주 연습하는 게 중요합니다.

5 놀다

아이들에게_____집안일을 도와드려야 된다고 얘기했어요.

6 죽다

나는 _____ 꼭 해내고 싶은 일들이 있어요.

Meaning and usage

Causal connectors

Causal connectors are used to describe the reason that some effect happened. Here are two endings that are used for positive and negative results, respectively. In Korean the word used depends on if the outcome is a positive or negative one.

선생님의 교수법 **덕분에** 수업의 내용을 쉽게 이해할 수 있어요.	*(Thanks to the teacher's teaching methods, I can easily understand the content of the class.)*
아기가 밤새도록 울어댄 **탓에** 한잠도 못 잤어요.	*(Because the baby was crying all night long, I couldn't sleep a wink.)*

덕분에

덕분에 is used when an event leads to a positive result. It is similar to *thanks to* ____ in English.

부장님이 저에게 도움을 주**신 덕분에** 이벤트가 순탄하게 진행됐어요.	*(Thanks to the department manager's help, the event went well.)*

How to form 덕분에

1 덕분에 can be used directly after a noun. With adjectives, ㄴ 덕분에 is used when the stem ends in a vowel, and 은 덕분에 if the adjective stem ends in a consonant.

좋은 날씨 **덕분에** 밖에 정원 가꾸기를 많이 할 수 있었어요.	*(Thanks to the good weather, I was able to do lots of gardening outside.)*
날씨가 따뜻**한 덕분에** 밖에 정원을 많이 가꿀 수 있었어요.	*(Thanks to the weather being warm, I was able to do lots of gardening outside.)*

2 After a verb, the form 는 덕분에 (regardless of the verb stem ending) is used for the present tense. And ㄴ 덕분에 is used for the past tense.

1년 동안 열심히 공부**한 덕분에** 공무원 시험에 합격했어요.	*(Because I studied hard for a year, I passed the civil service exam.)*

요즘 열심히 공부하는 **덕분에** 수업에서 잘 하고 있어요.   *(Because I have been studying hard recently, I am doing well in class.)*

3 덕분에 is only used when the end result is positive. It is not used for sentences in which the final effect is negative.

4 덕분에 can also be used at the end of a sentence with the form 덕분이다.

시험에 합격한 것은 선생님이 도와 **주신 덕분입니다.**   *(My passing the test was thanks to my teacher's help.)*

5 덕분에 is at times replaced with simply 덕에.

 E Combine the two sentences using 덕분에.

1 어제 학교 일찍 끝났어요. 집에 가서 쉴 수 있었어요.

_____

2 우리 형이 나 한테 용돈 줬어요. 맛있는 것 사먹었어요.

_____

3 SNS 생겼어요. 글로벌 사업이 많아졌어요.

_____

4 우리가 오래 공부했어요. 시험 점수 잘 나왔어요.

_____

5 오늘 언니가 커피 사줬어요. 하루 종일 기분이 좋았어요.

_____

6 어릴 때 영어로 책을 많이 봤어요. 커서 영어 공부를 쉽게 했어요.

_____

탓에

탓에 is a causal connector used when an action or event results in a negative outcome.

저는 회사에 늦게 **온 탓에** 사장님께 혼났어요.   *(I was reprimanded by my manager because I was late for work.)*

How to form 탓에

1 탓에 follows the same rules for adjoining to nouns, adjectives and verbs as 덕분에.

겨울 폭풍 **탓에** 길이 아주 미끄럽고 위험해요.   *(Because of the winter storm, the roads are slippery and dangerous.)*

눈이 온 **탓에** 길이 아주 미끄럽고 위험해요.   *(Because it snowed, the roads are slippery and dangerous.)*

2 때문에 can also be used for negative (or positive) results. 탓에 can only be used in situations where the result was negative.

3 탓에 can also be used at the end of a sentence with the form 탓이다.

늦게 온 것은 지하철 연착**한 탓입니다.** *(I'm late due to the underground being delayed.)*

If a cause is particularly unexpected and unplanned, -는 바람에 can be used instead of 탓에. 탓에 can be used in instances where the cause in the first clause is purposeful, even with a negative result. -는 바람에 is used when the cause is external to the speaker and unanticipated.

약속이 취소된 바람에 의사에게 진료를 못 받았어요.   *(Because my appointment was cancelled, I could not see a doctor.)*

약속이 취소된 탓에 의사에게 진료를 못 받았어요.

In the first sentence, the implication is that the appointment was cancelled unexpectedly by someone other than the speaker. In the latter, it is possible that the speaker cancelled the appointment, even though it caused a negative result.

F Reorder the following sentences and insert 탓에 in the right place.

1 잊어버리다   핸드폰을   못 받았어요   연락을

_____

2 말씀을   사장님한테   못 듣다   참석 못 했어요   회의에

_____

3 화 나다   친구가   분위기가   여행 내내   이상했어요

_____

4 안하다   공부를   시험에   떨어졌어

_____

5 집중   안하다   났어요   차 사고   어제

_____

6 먹다   썩은 음식   어젯밤에   아팠어요   배가

_____

G Choose 덕분에 or 탓에 as appropriate for each situation.

1 장학금 (덕분에/탓에) 대학교에 다녔습니다.
2 비가 온 (덕분에/탓에) 교통 사고가 났습니다.
3 더운 날씨 (덕분에/탓에) 집에서 키운 야채가 다 시들었습니다.
4 마리아 씨가 돈을 많이 모은(덕분에/탓에) 하와이 여행을 했습니다.
5 높은 생활비 (덕분에/탓에) 비좁은 아파트에 살고 있어요.
6 감기에 걸린 (덕분에/탓에) 회식에 못 갑니다.

Vocabulary

H Match the words with the definitions.

자기 소개서   이력서   지원서   면접   신입 사원   취직

1 _____에는 본인에 대한 정보와 본인이 왜 지원하고 싶은지에 대해 짧은 글을 쓴다.
2 _____ (은/는) 어떤 회사에 새로 고용되어 일하기 시작한지 얼마 안된 사람이다.
3 _____ (을/를) 통해서 고용하는 사람과 지원하는 사람이 서로 만나서 직접
   이야기하면서 지원자의 자격에 대해 알아갈 수 있다.
4 _____ (은/는) 어떤 회사에 지원할 때 내는 서류이다.
5 _____ (은/는) 새로운 일을 찾아 고용되고 일을 시작한다는 뜻이다.
6 _____ (을/를) 통해서 지원자가 과거의 경험이나 경력과 학력을 보여줄 수 있다.

I Complete the sentences about employment.

1 진아는 회사 다닌 적이 없어서 _____를 쓸 때 무엇을 넣어야 할지 몰랐다.
2 대학교 졸업하고 _____하려고 열심히 노력했는데 오래 걸려서 힘들었다.
3 대부분의 회사는 이제 _____를 온라인으로 쓰게 한다.
4 _____에 나에 대한 어떤 부분을 써야 내가 특별해 보일지가 중요한 질문이다.
5 그 회사는 최근에 많이 커져서 _____ 이 많이 있다.
6 _____ 볼 때 자신감 가져야 된다.

J Choose if the sentence uses the correct word or not.

1 아직도 **신입사원** 안했어요? (Correct/Incorrect)
2 어제 **면접** 잘 봤어? (Correct/Incorrect)
3 내가 다니는 회사는 요즘 **지원서** 많이 고용했어. (Correct/Incorrect)
4 **이력서**에 전에 다녔던 회사에 대해 썼어. (Correct/Incorrect)
5 이력서랑 같이 **취직**도 내야 돼요. (Correct/Incorrect)
6 **자기 소개서**에 이력서에 없는 내용을 쓰는 게 좋아요. (Correct/Incorrect)

📖 Reading

K Read the first line of an applicant's personal statement and answer the question:

지원자는 왜 회사에 기여할 수 있을 것이라고 생각하나요? _____

안녕하세요. 저는 이유진입니다. 이렇게 좋은 회사에 지원할 수 있는 기회가
생겨 정말 기쁩니다. 저는 다양한 경험 덕분에 회사에 기여할 수 있을 것이라고
생각합니다. 제 지원서를 고려해 주셔서 감사합니다.

L Read the rest of the personal statement from the job application and answer the questions.

일단 저는 다른 사람들과 다른 교육을 많이 받아 왔습니다. 부산 외국어 고등학교에서 영어와 중국어를 공부했습니다. 고등학생 시절에 두가지 언어를 배우면서 세상에 대한 이해와 시선이 넓어졌고 또한 더 많은 사람과 소통할 수 있게 되었습니다. 고등학교를 졸업한 다음에 부산 대학교에서 영문학을 전공했습니다. 그러면서 영어에 대한 능력도 늘리고 번역에 대한 기술도 배웠습니다. 그 다음으로 영어 교육으로 석사 학위를 받았습니다.

석사 학위를 받으면서 영어 능력도 늘었지만 그것보다 더 중요한 것은 가르치는 능력이었습니다. 다양한 학생에게 가르칠 수 있는 스킬을 가지게 되었습니다. 대학교에 다니는 중에 미국에서 어학연수를 1년 했습니다. 어학 연수 기간 동안 미국에 살면서 외국인 친구들을 많이 사귀었고, 실제 영어가 그냥 책에서 보는 영어와 다르다는 것을 배웠습니다. 석사 과정을 마치고 영어를 가르치고 있을 때 학생들에게도 그 점을 강조했습니다. 가르치는 일을 2년 동안 했습니다. 주로 학원에서 가르치고 주말에 과외도 했습니다. 그 전에도 여러가지 일을 해본 적이 있었습니다.

미국에 있을 때는 식당과 바에서 아르바이트를 했습니다. 외국에서 그런 일을 하니 정말 소통의 중요성에 대해 많이 알게 되었습니다. 한국에 돌아와서 석사 과정을 시작하기 전에 번역 일에 참여했던 경험도 있습니다. 번역 일은 시간이 많이 들고 어렵지만 여러 회사에 정말 필요한 일이었습니다. 번역 일을 하면서 많은 회사에 기여할 수 있었습니다. 자격증도 몇개 가지고 있습니다. 컴퓨터는 워드 1급 자격증이 있습니다. 학원에 가르치려면 또 다른 자격증도 필요해서 교육 관련 자격증도 있습니다. 영어는 토익 850 점을 받았습니다. 외국 생활 경험이 있어서 시험 뿐만 아니라 실용 영어에도 자신있습니다.

저는 지금까지 한 것 처럼 앞으로도 번역, 통역, 영어 교육등의 일을 하고 싶습니다. 이 회사에서 그런 일을 할 수 있을 것이라고 알고 있습니다. 최근에는 영어 유치원에서 교사로 일하고 있지만 이 회사에 들어갈 수 있다면 더 많은 기회를 얻게 될 것입니다. 제가 가진 다양한 경험과 학력을 통해 회사에 크게 기여할 수 있을 것이라고 믿습니다. 감사합니다.

기여하다	*to contribute*	어학연수	*a language study abroad program me*
고려하다	*to consider*	자격증	*certification*
석사 학위	*master's degree*	학력	*education background*

1 지원자는 어떤 고등학교를 다녔습니까?

_____

2 지원자는 대학에서 무엇을 전공했습니까?

_____

3 지원자는 언제 실용 영어를 배웠다고 썼습니까?

_____

4 지원자는 앞으로 어떤 일을 하고 싶다고 썼습니까?

_____

5 지원자는 현재 어떤 일을 하고 있습니까?

_____

Writing

M **Write a personal statement for a job you are interested in applying for. Include the following. (Write 80-100 words)**

▶ 자신의 학력에 대해 써보세요.

▶ 자신의 경력에 대해 써보세요.

▶ 자신이 왜 이 회사에 관심을 가졌는지 써보세요.

_____

_____

_____

_____

_____

_____

_____

_____

_____

Self-check

Tick the box which matches your level of confidence.

1 = very confident   2 = need more practice   3 = not confident

자신이 다음과 같은 부분들을 얼마나 잘 이해하고 있는지 확인하고 표시하세요.

1 = 잘 이해하고 있음   2 = 연습이 더 필요함   3 = 이해하지 못함

	1	2	3
Express order of events using sequential connectors.			
Express causes of positive and negative results.			
Can understand texts that consist mainly of high frequency everyday or job-related language (CEFR B1).			
Can describe in simple terms aspects of background, immediate environment and matters in areas of immediate need (CEFR A2).			

18 어떤 직업을 가지고 싶어요?

What do you want to do for a career?

In this unit you will learn how to:

✓ Use sentence endings to express intentions and plans

✓ Make expressions about trying new things

CEFR: Can find specific, predictable information in simple everyday material such as advertisements, prospectuses, menus and timetables on familiar topics (A2); Can describe experiences and events, dreams, hopes and ambitions and briefly give reasons and explanations for opinions and plans (B1).

| 과거 | 현재 | 미래 |

-겠다
-ㄹ 것이다
-ㄹ 게요

Meaning and usage

Expressing future plans

There are multiple ways to express intentions and plans for the future, for example:

늦어서 지금 집에 갈게요.	(It's late, so I'll go home now.)
올해 운동을 시작하**겠습니다**.	(This year, I'm going to start exercising.)

-ㄹ 게

Along with the -ㄹ 것이다 future tense ending, -ㄹ 게 can attach to the end of verb stems to express future plans. -ㄹ 게 sounds more intentional than -ㄹ것이다, and implies that these plans are directly happening of one's own volition, and that the listener may already be aware of them.

제가 전화를 받**을게요**.	(I'll answer the phone.)
내가 갖다 **줄게**.	(I'll give it to you.)
저희가 먼저 연락 드릴**게요**.	(We will contact you first.)

How to form -ㄹ 게

1　Attaching -ㄹ 게 to a verb stem follows the same rules as -ㄹ 것이다. If a verb stem ends in a vowel, ㄹ is added to the verb stem, and if it ends in a consonant, 을 is added. -지 않을게 is used in negative sentences.

헨리 씨의 전화 번호를 알려 **줄게요**.   *(I'll tell you Henry's phone number.)*
승원이의 생일을 잊**지 않을게**.   *(I won't forget Seungwon's birthday.)*

2 ㄹ게 can only be used with verbs, not with adjectives.

집을 청소**할게요**.   *(I'll clean the house.)*
저는 깨끗할게요.   (Incorrect)

3 Because ㄹ게 expresses the intention and will of the speaker, it can only be used in the first person, and it cannot be used in questions or imperatives.

제가 마리아 씨한테 이메일을 보**낼게요**.   *(I'll send the email to Maria.)*
마리아 씨는 저한테 이메일을 보낼게요.   (Incorrect)

4 Unlike ㄹ 것이다, ㄹ게 implies that the speaker has considered the listener's thoughts as well, and is acting in accordance with the listener's expectations.

내일 **12**시에 올**게요**.   *(I will come at 12pm tomorrow.)* (Meaning: it is likely that the speaker and listener have discussed this arrangement.)

내일 **12**시에 **올 거예요**.   *(I am going to come at 12pm tomorrow.)* (Meaning: the speaker will arrive at 12pm irrespective of the listener's expectations.)

A Change the words into their - ㄹ게(요) **form.**

1 가요   _____
2 해 봐   _____
3 요리해 줘요   _____
4 읽어요   _____
5 줘   _____
6 생각해 봐요   _____
7 알려줘   _____
8 끓어요   _____

B Rewrite the sentences with - ㄹ게(요) **responding to the requests.**

1 슈퍼에 가면 우유와 밀가루를 사 줘.

_____.

2 집에 돌아온 후에 전화해 주세요.

_____.

3 학교에 가기 전에 방을 정리해 줘.

_____.

4 등산하기 전에 준비 운동 하세요.

_____.

5 내일 회의에 제시간까지 오세요.

_____.

6 다닐 대학교를 결정하기 전에 잘 생각해.

_____.

-겠-

-겠- is another affix used to talk about future plans. It is used to express a strong intention or plan to do something, or to make a prediction about a future situation.

내일부터 열심히 공부하**겠습니다**.   _(I will study hard, starting tomorrow.)_

계속 일을 미루면 따라잡기   _(If I keep putting off work, it will be hard to catch up.)_
힘들**겠습니다**.

How to form -겠-

1 When used as a statement, -겠- is only used in the first person. It is not only used as the more formal version of -ㄹ게, but -겠- is also used to imply a stronger will and determination to complete the action described.

    좋은 회사에 입사하고 싶으니 이력서를   _(I want to get into a good company, so I will_
    잘 준비하**겠습니다**.   _prepare a good CV.)_

2 When used with an adjective, -겠- is used to make a supposition about something, and can be used to refer to oneself or to something else.

    마리아 씨가 김치를 만들었으니까   _(Maria made the kimchi, so it will be delicious._
    맛있**겠어요**. 마리아 씨는 요리를 잘 해요.   _She's a good cook.)_

3 -ㄹ게 is frequently used to respond to requests, and typically refers to events in the near future. -겠- is not used in response to requests, and can be used to talk about events in the near or distant future.

    지하철이 곧 오**겠습니다**.   _(The metro will arrive soon.)_

4 The phrase -면 좋겠습니다 or 좋겠어요 is often used to describe a hope that something will happen. It is similar to _I wish_ in English.

    내일 비가 안 오**면 좋겠습니다**.   _(I hope it doesn't rain tomorrow.)_
    좋은 대학교에 입학하**면 좋겠어요**.   _(I hope I get into a good university.)_

5 In addition, -겠- is often used in idiomatic phrases. It is also attached to adjectives, as well as 알다 and 모르다, in order to make an expression sound softer and more polite.

    잘 먹**겠습니다**.   _(Thank you for the meal.)_
    여러분, 알**겠습니까**?   _(Do you understand?)_
    아무리 생각해도 정답을 잘 모르**겠습니다**.   _(No matter how much I think, I don't know the_
                                         right answer.)

The -겠다 ending is typically not used in the middle/polite form (아/어요) as a statement of intention about the future, even if it would be used in the formal (ㅂ/습니다) form. Instead, -ㄹ게요 is a more natural choice. The following have more or less the same meaning, but are used differently because of the formality level being used:

내일 집에 들를게요!
내일 집에 들르겠습니다!

C **Rewrite the sentences with** -겠다 **answering the questions.**

1 마트에 가면 우유 있는지 좀 봐줘 .

_____

2 학교에 도착하면 저에게 연락 주세요.

_____

3 여자 친구 오기 전에 사무실 정리 좀 해 줘.

_____

4 운동 수업에 가기 전에 스트레칭을 열심히 하세요.

_____

5 내일 할 일이 많으니까 일찍 오세요.

_____

6 아이들이 시험 보는 날에 특별히 신경 써주세요.

_____

D **Use -** ㄹ게 **(for casual and** 요 **forms) or -**겠다 **(for** 습니다 **forms) to replace -**ㄹ 것이다 **in the sentences.**

1 내일 병원에 갈 것입니다.

_____

2 친구에게 맛있는 저녁을 사줄 거예요.

_____

3 사장님께 편지를 보내볼 거야.

_____

4 내년에 다른 학교에 다닐 것입니다.

_____

5 메시지를 주면 전달해줄 거야.

_____

6 오늘 저녁은 제가 만들 거예요.

_____

Meaning and usage

Trying something

1   In English, the verb *try* is used to describe new experiences and attempts. In Korean, the ending 아/어 보다 is used to describe trying something for the first time, or making an attempt at an action.

오후에 가게에 가**볼래요?**   *(Would you like to try going to the shop in the afternoon?)*

한국에 가면 떡볶이를 먹**어 볼게요.**   *(If I go to Korea, I will try eating tteokbokki.)*

원피스를 사기 전에 입**어 보세요.**   *(Before you buy that dress, try it on.)*

2   아/어 보다 is used when experiencing things for the first time and trying something new. It is also used while making an attempt at something, whether it is successful or not.

서울에 가서 한복을 입**어 봤어요.**   *(I tried wearing hanbok when I went to Seoul.)*

승원이한테 전화**해 봤지만** 안 받았어.   *(I tried to call Sungwon but he didn't answer.)*

3   아/어 보다 is frequently used in imperatives to soften a request or introduce something new to the listener.

이것을 먹**어 보세요.**   *(Try eating this/give this a try.)*

여기에 앉**아 봐.**   *(Sit here/try sitting here.)*

4   When compared with the same sentence in the past tense that does not use 아/어 보다, the addition of 아/어 보다 adds the nuance that something was done for a short period of time, and is now completed.

한국에 갔어요.   *(I went to Korea.)*

한국에 가 **봤어요.**   *(I have been to Korea (and have since returned).)*

5   Although 아/어 보다 is typically translated as *try* in English, it often implies the feeling of doing something for the first time, more than striving to do something.

축구 한번 배워 **보고** 싶어요.   *(I want to try learning about football.)*

E   **Complete the sentences using** 아/어 볼게요, **or** 아/어 보고 싶어요.

1   새로운 도시로 이사하면 새로운 음식을 _____ (want to try eating).
2   한국에 가면 한국인 친구를 _____ (want to try meeting).
3   돈을 많이 모으면 다른 나라에 _____ (want to try going).
4   직업을 바꾸면 열심히 _____ (will try to work hard).
5   그 가게의 옷이 어떤지 _____ (will try to see).
6   에세이 쓴 것을 보내주면 _____ (will try to read).

Vocabulary

F Mark the careers related to health or sports with A, and teaching with B. Mark other careers with C.

1 변호사 _____
2 의사 _____
3 교사 _____
4 코치 _____
5 회계사 _____
6 간호사 _____

7 교수 _____
8 운동 선수 _____
9 공무원 _____
10 목사 _____
11 기사 _____

G Complete the career descriptions.

1 _____는 어린 사람들에게 가르치는 일을 한다.
2 _____는 원래 신학 대학을 나와서 교회에서 일한다.
3 _____는 정부에서 나라 일을 한다.
4 _____는 대학에서 가르치고 연구하는 일을 합니다.
5 _____는 학교를 아주 오래 다녀야 병원에서 일할 수 있다.
6 _____는 운동 선수들을 훈련 시키는 일을 한다.

H Find the odd one out.

1 의사   변호사   간호사
2 목사   운동 선수   코치
3 교사   교수   회계사
4 변호사   판사   가수
5 기사   요리사   조종사
6 목사   선교사   과학자

Reading

I Look at the introduction to the job advertisement and answer the question:
어떤 선생님을 구하고 있나요? _____

안녕하세요! 저희 아이들을 따뜻한 마음으로 열심히 가르쳐 줄 선생님 구합니다!

J Read the following passage and answer the questions that follow.

저희는 꿈나무 어린이 영어 유치원입니다. 유치원 이름이 재미있지요? 꿈나무라고 이름 지은 것은 바로 어린 아이들의 꿈을 이뤄주고 싶은 것을 보여주기 위해서였습니다. 저희 유치원은 서울시 관악구에 위치해 있습니다. 다른 학원이 많은 지역에 위치해 있으니 찾기가 쉬울 것입니다! 저희 유치원에서는 아이들에게 영어만 쓰고 있으므로 영어를 유창하게 하는 선생님을 구하고 있습니다. 현재 5-6 세 어린이들에게 영어를 가르쳐 줄 영어 선생님을 찾고 있습니다. 영어 능력과 어린 아이들을 가르친 경험이 둘 다 있는 사람을 찾습니다. 저희 유치원에는 현재 15명 정도의 선생님이 이미 일을 하고 계시지만 내년부터 아이들이 더 많아질 예정이라 선생님이 더 필요합니다. 이렇게 빨리 성장하는 유치원은 많지 않습니다! 주로 한국인 선생님이 많이 계시지만 원어민 선생님도 환영하고 있습니다. 원어민 선생님들도 영어를 가르친 경험이 있는 분들의 지원만 받고 있습니다. 저희 꿈나무 영어 유치원에서 함께 하실 관심이 있으신 분은 저희 회사 02-3524-8043 로 전화 해 주시면 감사하겠습니다. 전화가 안되면 직접 와주셔서 지원하셔도 됩니다. 지원을 온라인으로 하시는 분들은 따로 CV를 전자 메일로 보내 주시기 바랍니다. 가능한 빠른 시간 이내 지원에 대한 응답을 드리도록 하겠습니다. 답을 못 받으신 분들은 전화로 다시 연락 부탁드립니다. 함께 할 수 있는 날 기대하고 있을게요!

따뜻하다	*to be warm*
유치원	*kindergarten or preschool*
위치하다	*to be located somewhere*
성장하다	*to grow*
전자 메일	*one way to say email*
응답하다	*to answer*
기대하다	*to look forward to*

1 회사의 이름은 무엇인가요?
_____

2 어떤 일을 할 사람을 찾고 있나요?
_____

3 지금 몇 명의 선생님이 일하고 있나요?
_____

4 어떤 능력이 있는 사람을 구하고 있나요?
_____

5 관심 있는 사람들은 어떻게 하면 되나요?
_____

 # Writing

K **Create your own advertisement to hire someone. Include the following. (Write 80–100 words)**

- ▶ -어떤 일인지에 대해 써보세요.
- ▶ -어떤 조건을 가진 사람을 구하고 있는지 써보세요.
- ▶ -관심 있는 사람들은 어떻게 하면 되는지 써보세요.

_____

_____

_____

_____

_____

_____

_____

_____

_____

_____

Self-check

Tick the box which matches your level of confidence.

1 = very confident   2 = need more practice   3 = not confident

자신이 다음과 같은 부분들을 얼마나 잘 이해하고 있는지 확인하고 표시하세요.

1 = 잘 이해하고 있음   2 = 연습이 더 필요함   3 = 이해하지 못함

	1	2	3
Use sentence endings to express intentions and plans.			
Make expressions about trying new things.			
Can find specific, predictable information in simple everyday material such as advertisements, prospectuses, menus and timetables on familiar topics (CEFR A2).			
Can describe experiences and events, dreams, hopes and ambitions and briefly give reasons and explanations for opinions and plans (CEFR B1).			

19 너 수능 보니?
Are you taking the university entrance exam?

In this unit you will learn how to:

✓ Use third-person and demonstrative pronouns

✓ Use direct and indirect quotations to relay speech from others

CEFR: Can read articles and reports concerned with contemporary problems in which the writers adopt particular attitudes or viewpoints (B2); Can summarize, report and give opinion about accumulated factual information on familiar matters with some confidence (B1).

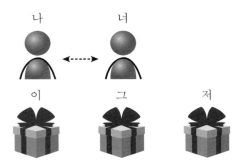

Meaning and usage

Demonstrative pronouns

1 Pronouns fall into three categories: first person (*I*, *we*), second person (*you*) and third person (*they*, *she*, *he*). The third person pronouns refer to third parties.

이 김치찌개는 맛있어요.	(*This kimchi stew is delicious.*)
그 남자는 보라색 모자를 쓰고 있어요.	(*That man is wearing a purple hat.*)
그들은 같은 고등학교를 다녔어요.	(*They all attended the same high school.*)

2 Demonstrative pronouns are pronouns that 'point' to objects. In English, these pronouns are *this/these* and *that/those*. In Korean, these pronouns are 이, 그 and 저.

이 바지가 이 가방과 잘 어울려?	(*Do these trousers go with this bag?*)
그 핸드폰은 헨리 씨의 핸드폰이에요.	(*That mobile phone is Henry's.*)
저 광고판을 좀 봐 봐. 신기하네.	(*Look at that advertising board over there. It's interesting.*)

3 In English, there is a two-way distinction between demonstrative pronouns: this meaning *here*, and that meaning *there*. In Korean, there is a three-way distinction: 이, meaning *here*, 그, meaning *there* (where the listener is), and 저, meaning *over there* (where neither the speaker nor listener is). In other words, 그 is used to talk about something that is closer to the listener than to the speaker, and 저 is used to talk about something that is far from both parties.

진아야, **그** 책을 나에게 빌려줄래?   *(Jina, would you lend me that book?)*

진아야, **저** 멋진 차 봐 봐!   *(Jina, look at that cool car!)*

4 Many Korean words follow the same 이/그/저 principle to distinguish distance from the speaker. For example, 여기 *(here)*, 거기 *(there)* and 저기 *(over there)* are based on 이, 그 and 저.

여기에 앉으세요.   *(Please, sit here.)*

승원 씨는 **거기**에 서 있어요.   *(Seungwon is standing there.)*

저기에서 만날게요.   *(I'll meet you over there.)*

How to form demonstrative pronouns

이, 그 and 저 must be followed by a noun. In both writing and speech, 것 regularly follows a demonstrative pronoun in order to describe a more general *this one* or *that thing*.

이것은 사실입니다.   *(These are the facts.)*

그것은 마리아의 책상이에요.   *(Maria's desk is that one.)*

In casual settings, 것은 is sometimes written as 건. 것이 is written as 게, and 것을 is written as 걸.

이것을 봐 주세요.   *(Please look at this.)*

이걸 봐 줘.   *(Please look at this.)*

 A Write phrases in Korean to match the location of the object, using 이, 그, or 저.

1 A spoon you have — _____

2 A bird over there — _____

3 A hat I have — _____

4 A book over there — _____

5 A phone I have — _____

6 A t-shirt you are wearing — _____

 B Choose the correct demonstrative pronoun for each sentence.

1 헨리씨, (이/그/저) 지도를 저에게 보여 주세요.

(Henry, please show me that map you have.)

2 마리아씨, (여기/거기/저기) 앉아 있는 남자에게 인사합시다.

(Maria, let's go and say hello to that man sitting over there.)

3 (이/그/저) 치마가 어때요?

(What do you think of this skirt?)

4 (이것/그것/저것)을 거기에 가져가세요.

(Please take these there to where you are.)

5 (이/그/저) 사람은 누구지?

(Who is that person over there again?)

6 (이것/그것/저것) 좀 보여줘 봐!

(Show me that thing you have!)

Third person pronouns

1 Third person pronouns are used when talking about someone besides the speaker or listener. In English, these pronouns include *he, she* and *they*.

그는 사퇴했어요.   *(He resigned from his job.)*

그녀가 요즘 무엇을 하는데요?   *(What is she up to these days?)*

2 Korean third person personal pronouns include 그 and 그녀 which mean *he, she* respectively. 그들 is used to refer to multiple people. 이들 or 저들 can also be used.

그들은 대회에서 이겼어요.   *(They won the match.)*

그는 수학을 아주 잘 해요.   *(He is really good at maths.)*

그녀는 매년 할머니를 뵈러 가요.   *(She goes to see her grandmother every year.)*

3 These pronouns are rarely used in speech. Instead, they are typically seen in formal writing such as newspaper articles.

이들은 소방 대원이 구조했어요.   *(They were saved by the firefighters.)*

4 Much like the second person pronouns 너 and 당신, it is considered more polite to refer to someone by their title or position.

선생님께서 말씀하셨습니다.   *(He (the teacher) spoke.)*

5 그분 and 이분 is a more formal way of saying 그 and 이, and is often used when addressing a group of people.

이분이 일본에서 오신 우리 선생님입니다.   *(This is my teacher from Japan.)*

그분들을 손님들께 소개시켜 주세요.   *(Please introduce them to our guests.)*

 C Check if the sentences are formed correctly.

1 "선생님, 그들은 대화하는 중이에요." (X / O)
   (They are talking.)

2 그녀는 많이 읽는다. (X / O)
   (She reads a lot.)

3 "이분이 제 어머니입니다." (X / O)
   (This is my mother.)

4 그분은 정보기술을 잘 알아요. (X / O)
   (These people know IT well.)

5 이는 오랫동안 친구이다. (X / O)
   (These people are old friends.)

 The third person pronoun 그녀 was created as a translation for the word she, *because 그 is technically gender neutral. Because of this, the word sounds quite awkward and isn't often used in daily life, but is often used in translated texts.*

D Reorder the words to form a sentence.

1 그는   공부했어요   열심히   오랫동안.

_____

2 학생이었다   그녀는   있을 때   고등학교에   훌륭한.

_____

3 그들은   많이   해왔다   시험 준비를.

_____

4 내 친구의   이분은   어머니예요.

_____

5 이들은   중에   똑똑한   우리 학교 아이들   제일   아이들이다.

_____

6 그분은   중에   학교 과목   제일   수학을   좋아해요.

_____

Meaning and usage

Reported speech

Reported speech or quotation constructions are used when relaying something that was said to another person. In English, this is easily conveyed by using quotation marks, followed by _he said_ or _she said_. In Korean, a unique construction is used to indicate that someone is being quoted.

그는 "슬퍼요" 라고 했어요.   _(He said, 'I am sad'.)_

그는 자기가 슬프**다고** 했어요.   _(He said that he was sad.)_

Direct quotations 라고 하다 and -하고 하다

1   Direct quotations are quotes that are contained inside quotation marks, and indicate that someone is being quoted verbatim, not paraphrased. The constructions -라고 하다 and -하고 하다 are used to convey direct quotations.

2   When using a direct quotation, -라고 or -하고 is placed immediately after the closing quotation mark. Other adjectives or adverbs cannot come between the quotation and -라고 or -하고. -라고 and -하고 are often followed by verbs such as 하다 (_to do_, or generally _to say_), 말하다 (_to speak_), 물어보다 (_to ask_) or 전하다 (_to convey_ or _pass on_).

헨리씨는 "어디에서 만나요?"라고   _(Henry asked, 'Where will we meet?')_
물어봤어요

진아는 "내 방에 들어오지 마!"라고 강하게   _('Don't come in my room!' said Jina forcefully.)_
말했어.

3 When quoting someone directly, use the same formal style the original speaker used within the quotation, and attach formality and politeness endings (depending on who the quote is being relayed to) to the final verb in the sentence.

선생님이 "시험 칠 때 부정행위를 하지 마" **라고** 말씀하셨어요.	(The teacher said, 'Don't cheat in the test.')
동생이 할아버지께 "선물 주셔서 감사합니다." **라고** 했어.	(My younger sibling said to my grandmother, 'Thank you for giving me the gift.')

4 Although -라고 and -하고 convey the same meaning grammatically, -하고 sounds more literary or academic. It is used when conveying not only the words said but also the emotion and nuance with which they were said. -라고 is used when only the words themselves are being described.

승원 씨가 "저는 안 했어요"**라고** 했어요	(Seungwon said, 'I didn't do it.')
승원 씨가 "저는 안 했어요!"하고 크게 소리 소리쳤어요.	(Seungwon yelled, 'I didn't do it!')

E Change each sentence into a direct quotation using the verb.

1 어제는 뭐 했어요? (물어보다)

_____.

2 저는 거기에 가기 싫어요! (말하다)

_____.

3 이 편지를 사장님께 전해주세요. (하다)

_____.

4 왜 숙제를 안 했어? (물어보다)

_____.

5 늦게 와서 미안합니다. (말하다)

_____.

6 다시는 늦게 오지 마세요. (하다)

_____.

Indirect quotations

1 Indirect quotations are used to paraphrase or give the general sense of what someone said, without using a word-for-word quote. They are used without quotation marks. Indirect quotations are more complicated to use than direct quotations because there are more variations in the construction.

승원 씨는 내일 **쉰다고** 했어요.	(Seungwon said he's taking tomorrow off.)
그는 식당 안이 복잡하**다고** 했어요.	(He said that it's crowded inside the restaurant.
테라스에 앉**자고** 제안했어요.	He suggested we sit on the terrace.)
시간이 있으면 마리아 씨가 자기한테 연락하**라고** 했어요.	(Maria said to call her if you have time.)

How to form indirect quotations

1 Indirect quotations are used by attaching a suffix to the end of the quoted phrase. The kind of suffix used depends on the kind of quotation.

2 In declarative sentences, or statements, the suffix -다고 하다 is used for adjectives and past tense verbs. -다고 is added to the end of the adjective stem. With verbs, the suffix -ㄴ/는다고 is used, depending on whether the verb stem ends in a consonant or vowel. If the quoted phrase ends in a noun, the suffix -(이)라고 is used.

진아는 날씨가 춥**다고** 했어요.	(Jina said that it's cold.)
헨리는 아이스크림을 좋아**한다고** 말했어요.	(Henry said that he likes ice cream.)
마리아는 작년에 하와이에 갔**다고** 알려 줬어요.	(Maria told me she went to Hawaii last year.)
승원이는 자기가 가장 좋아하는 음식이 빵**이라고** 했어요.	(Seungwon said that his favourite food is bread.)

3 In imperative sentences, the suffix (으)라고 하다 is used at the end of the verb stem.

의사 선생님이 담배를 끊**으라고** 했어요. (The doctor said to quit smoking.)

4 For questions, the suffix -(느)냐고 하다 is used for verb stems, and (으)냐고 is used for adjectives and nouns. In casual settings, (느) is usually omitted and verbs are suffixed with -냐고 only.

승원 씨는 저에게 회의에 가**냐고** 물어봤어요.	(Seungwon asked if I was going to the meeting.)
가게 직원한테 가방이 비싸**냐고** 물어봤어요.	(I asked the employee if the bag was expensive.)

5 To report or quote suggestions, the suffix -자고 하다 is added.

마리아는 내일 빵을 만들**자고** 제안했어요.	(Maria suggested that we bake bread tomorrow.)
저는 남자 친구에게 결혼하**자고** 했어요.	(I said to my boyfriend that we should get married.)

6 In indirect quotations, 자기 (his/herself) is used to replace 나 and 저 (I, me) within the quoted phrase.

진아는 "나한테 전화해"라고 했어요.	(Jina said, 'Call me.')
진아는 **자기**한테 전화하**라고** 했어요.	(Jina said to call her.)

7 In indirect quotations that use 주다, 달라고 하다 is often used when the speaker themselves is making a request.

저는 진아 씨한테 전화해 **달라고** 했어요.	(I told Jina to please call me.)
진아는 전화해 주**라고 했어요**.	(Jina said to please call her.)

F **Choose one of** 라고 / ㄴ는다고 / 자고 / (느)냐고 / 냐고 **for the verbs when they are in indirect quotations.**

　1 사과이다 (라고/ㄴ 는다고/자고/(느)냐고/냐고)
　2 예쁘다 (라고/ㄴ 는다고/다고/자고/(느)냐고/냐고)
　3 가다 (라고/ㄴ 는다고/자고/(느)냐고/냐고)
　4 보자 (라고/ㄴ 는다고/자고/(느)냐고/냐고)
　5 사람이다 (라고/ㄴ 는다고/자고/(느)냐고/냐고)
　6 물고기이다 (라고/ㄴ 는다고/자고/(느)냐고/냐고)
　7 수영하다 (라고/ㄴ 는다고/자고/(느)냐고/냐고)

G **Change each sentence to an indirect quotation, using the same wording as the sentence. Try to use all the verbs.**

| 애기하다 | 전하다 | 소리지르다 | 물어보다 | 요구하다 | 추천하다 |

1 날씨가 추우니까 등산하지 말자.

_____.

2 그 책은 저에게 빌려 주세요.

_____.

3 진짜 재밌다!

_____.

4 수업은 몇 시에 시작해요?

_____.

5 저는 뉴욕에서 왔어요.

_____.

6 엄마가 밥 만들었어요.

_____.

Vocabulary

H **Find the odd one out.**

1	학원	과외	부유층
2	이과	수험생	문과
3	전공	대학 입시	입학
4	수능	시험	고삼
5	고삼	수험생	학원
6	학교	학원	알바

I Complete the text messaging using words from H.

> 민수: 제임스 씨, 한국에서 얼마나 살았어요? (1)_____ 때 부터 살았죠?

> 제임스: 네 고등학교 졸업하기 전에 이민 왔어요.

> 민수: 그러면 (2)_____ 시험도 쳤겠네요.

> 제임스: 그때 한국어 잘 못해서 시험 잘 못 봤어요. 그래서 그 다음 해 (3)_____ 해서 대학에 (4)_____ 했어요.

> 민수: 저는 (5)_____ 많이 받고 (6)_____도 많이 다니면서 시험 준비 했는데 제임스 씨는 그런 것도 없이 준비했겠네요.

> 제임스: 네. 하지만 한국인들은 (7)_____ 에게 정말 많은 도움 주려고 하는 것 같아요. 주변에서 많이 챙겨 줬어요.

J Complete the sentences.

1 보통 _____ 과정이 어린 사람들에게 많은 스트레스를 준다.
2 나는 _____여서 수학은 잘 못 해.
3 _____에게는 과외와 학원 비용이 크게 부담 되지 않는다.
4 _____이었을 때 항상 피곤하고 정신 없었어요.
5 _____은 학교 수업 끝나고 가는 곳이다.
6 수능을 처음 볼 때 잘 못 봐서 _____ 하기로 했어.

📖 Reading

K Read the introduction to an article about the Korean university admissions process and answer the question: 수능 보는 날의 날씨는 보통 어떻습니까?_____

수능이 이제 10일 남았다. 수능을 보는 날에는 일반적으로 날씨가 매우 춥다. 수능 보는 날 학교 앞에는 부모님들이 하루 종일 문 밖에서 아이들을 기다린다. 수능 시험은 대학 입시의 가장 중요한 시험이다. 대학 입시는 학생들 뿐 아니라 부모님들에게도 아주 중요하다.

L Read the rest of the article and answer the questions.

많은 강남의 부유층들은 큰 금액의 돈을 주고 대학 입시 컨설턴트를 고용해서 수능 시험 뿐 아니라 다른 특기 사항을 관리한다. 최근에 정치인들의 자녀들이 부모의 힘을 사용해 고등학생이면서 대학 연구실에서 일을 하며 논문을 썼고 이것으로 쉽게 대학에 들어가서 문제가 되었다. 한국의 사교육에는 문제가 많다. 강남의 부유층들은 유치원 때부터 아이들을 좋은 대학에 보내고자 준비시킨다. 예전에는 시골에서도

능력있는 학생들이 서울의 일류 대학에 진학을 많이 하였다. 그렇지만, 점점 이것은 불가능해 지고 있다. 어릴적부터 준비된 서울의 부유층이 대부분 좋은 대학에 가고 있다. 최근 들어 미국의 아이비리그에 진학하는 학생들도 많이 생겼다.

최근에 어떤 한 학부모와 인터뷰를 했다. 인터뷰 시 아이들을 대학에 입학 시키는 데 제일 어려운 점이 무엇이냐고 물어봤다. 물어본 학부모는 "돈이 있어야 아이들을 학원에

보내고 컨설턴트를 고용할 수 있지"라고 말했다.

돈 문제 때문에 입시가 어려운 가정들이 많을 것으로 예상이 된다. 또 다른 학부모가 "정부에서 컨설턴트를 고용 못하게 하거나 학원 비용이 덜 들게 해야된다"라고 했다.

아마도 아이들은 공부 때문에, 학부모들은 돈 때문에 입시 과정에서 스트레스를 많이 받을 것이다. 과연 좋은 시스템인지 의심하는 사람이 많다.

금액	*amount*
컨설턴트	*consultant*
연구실	*research lab*
진학하다	*to enter a university*
고용하다	*to hire*
가정	*a household*

1 부유층들은 어떻게 해서 아이들을 대학에 입학 시키나요?

_____.

2 최근에 정치인들에 관한 어떤 일이 있었나요?

_____.

3 누구와 인터뷰를 했나요?

_____.

4 인터뷰 한 사람은 아이들을 대학에 보내려면 무엇이 있어야 된다고 했나요?

_____.

5 학부모는 정부에서 어떻게 했으면 좋겠다고 했나요?

_____.

6 아이들과 학부모들이 무엇 때문에 스트레스를 받는다고 했나요?

_____.

Writing

M Write a short article describing the university admissions process in your country. Include the following. (Write 80–100 words)

▶ 어떤 부분이 어려운 지에 대해 써보세요.

▶ 어떤 부분이 수월한 지에 대해 써보세요.

▶ 한국 대학교 입학 과정과 비교해보세요

_____

_____

_____

_____

_____

_____

_____

_____

_____

_____

Self-check

Tick the box which matches your level of confidence.

  1 = very confident   2 = need more practice   3 = not confident

자신이 다음과 같은 부분들을 얼마나 잘 이해하고 있는지 확인하고 표시하세요.

  1 = 잘 이해하고 있음   2 = 연습이 더 필요함   3 = 이해하지 못함

	1	2	3
Use third-person and demonstrative pronouns.			
Use direct and indirect quotations to relay speech from others.			
Can read articles and reports concerned with contemporary problems in which the writers adopt particular attitudes or viewpoints (CEFR B2).			
Can summarize, report and give opinions about accumulated factual information on familiar matters with some confidence (CEFR B1).			

20 은행에 가자!
Let's go to the bank!

In this unit you will learn how to:

✓ Use comparatives to express similarities and differences

✓ Use constructions to express ability and knowledge

CEFR: Can scan longer text in order to locate desired information and understand relevant information in everyday material, such as letters, brochures and short official documents (B1); Can write short, simple notes and messages relating to matters in areas of immediate need (A2).

-을 줄 알다

-을 줄 모르다

Meaning and usage

Comparatives

Comparatives are expressions like *more than*, *less than* and *as … as*, that express a difference in degree between two things, whether they are objects or people.

서울은 부산**보다** 인구가 더 많아요.	*(Seoul is more populous than Busan.)*
저는 한국사람**만큼** 매운 음식을 먹지 못해요.	*(I can't eat as much spicy food as a Korean person.)*

보다

보다 is a particle that attaches to nouns in order to express difference between two nouns. It is similar to *more* in English.

바나나**보다** 딸기를 좋아해요.	*(I like strawberries more than bananas.)*
한국 사람**보다** 중국 사람이 많아요.	*(There are more Chinese people than Korean people.)*
수학**보다** 영어가 어려워요.	*(English is harder than maths.)*

How to form 보다

1   보다 is added to the end of the verb that is less in the comparison that is being made.

   한국어**보다** 일본어를 더 잘 해요.   *(I speak Japanese better than Korean.)*

2   The adverb 더 is frequently used with 보다 to mean *more*, however it is not necessary. It simply emphasizes the word *more*.

   러시아는 중국**보다** 더 커요.   *(Russia is larger than China.)*
   러시아는 중국**보다** 커요.   *(Russia is larger than China.)*

3   The order of the main subject and the noun with 보다 can be inverted with no change in meaning.

   야채는 과자**보다** 건강에 좋아요.
   과자**보다** 야채가 건강에 좋아요.   *(Vegetables are healthier than snack food.)*

4   When making a *less than* comparison, the adverb덜 can be used. If this adverb is omitted, the meaning is inferred to be *more than*.

   하와이는 캐나다**보다** 덜 추워요.   *(Hawaii is less cold than Canada.)*
   하와이는 캐나다**보다** 더워요.   *(Hawaii is warmer than Canada.)*

 A   Write these sentences in Korean, adding 보다 to the appropriate noun.

   1 Mary is smarter than Michael.

   _____

   2 I prefer pizza to pasta.

   _____

   3 Seoul is larger than Busan.

   _____

   4 The sun is further away than the moon.

   _____

   5 The Earth is warmer than in the past.

   _____

   6 I am not as pretty as my younger sibling.

   _____

 B   Choose which noun should have 은/는 and which noun should have 보다 attached.

   1   뉴욕(은/보다) 런던(은/보다) 서쪽에 있어요.
   2   수박(은/보다) 레몬(은/보다) 더 셔요.
   3   고양이(는/보다) 사자(는/보다) 작아요.

4 많은 사람들은 평일(은/보다) 주말(은/보다) 더 바빠요.

5 한국 음식(은/보다) 일본 음식(은/보다) 더 매워요.

6 남자(는/보다) 보통 여자(는/보다) 키가 커요.

만큼

1 만큼 is a particle that is used to mean *as much as*. It is also often used to make *less than* or *not as*-type comparisons.

저도 선생님**만큼** 잘 할 수 있어요.　　　*(I can do it just as well as the teacher.)*

노력하는 **만큼** 좋은 효과가 있을 거예요.　　*(Your results will be as good as the effort you put in.)*

나는 형**만큼** 농구를 못 해요.　　　　　　*(I can't play basketball as well as my older brother.)*

2 When used in negative sentences, 만큼 means *not as much as*.

한국어를 할 수 있는 **만큼** 중국어를　　*(I can't speak Chinese as well as I speak Korean.)*
하지 못 해요.

How to form 만큼

1 Unlike 보다, which only attaches to nouns, 만큼 can attach to verbs, nouns and adjectives.

2 When attaching to verbs, 은/ㄴ 만큼 is used in the past tense, 는 만큼 is used for present tense, and 을/ㄹ 만큼 is used for future tense verbs.

일하는 **만큼** 돈을 줄테니까 열심히 하세요.　*(I'll pay you for as much work as you do, so please work hard.)*

먹을 **만큼**만 가져가세요.　　　　　　　*(Only take as much as you will eat.)*

저도 승원씨가 한 만큼 해볼게요.　　　　　*(I'll try to do as much as you did, Seungwon.)*

 C **Write the sentences in Korean adding 만큼 to the appropriate noun.**

1 I enjoy swimming as much as Minjin does.

_____

2 I don't work as much as Sue.

_____

3 Hawaii is as hot as Tahiti.

_____

4 Only do as much as you can.

_____

5 Only say as much as needs to be said.

_____

6 I can't sing as well as Jenny can.

_____

D **Change the sentence using** 만큼 **to mean** _as much as_ **instead of** _more than_ **or** _less than_.
1 민희는 석우보다 힘이 더 세다.

_____

2 한국은 겨울에 미국이나 영국보다 덜 춥다.

_____

3 요즘 물가가 예전보다 더 비싸다.

_____

4 학생 때는 주말이 평일보다 덜 바빴어요.

_____

5 오렌지보다 사과가 많이 있어요.

_____

6 나는 농구를 축구보다 더 좋아해요.

_____

E **Reorder the words correctly with markers and conjugation to make sentences.**
1 공부　　노력하다　　만큼　　결과　　달라지다

_____

2 주식　　공부하다　　만큼　　더 좋은　　성과　　얻을 수 있다.

_____

3 사랑　　힘들다　　만큼　　의미　　있다.

_____

4 알바생　　일하다　　만큼　　돈　　받았다.

_____

5 어머니　　우리　　먹다　　만큼　　만들다.

_____

6 동생　　나　　만큼　　노래　　못하다

_____

Meaning and usage

Expressing knowledge and capability: -을 줄 알다 and -을 줄 모르다

The constructions 을/ㄹ 줄 알다 and 을/ㄹ 줄 모르다 are used to express capability, with the nuance of expressing knowledge and expertise.

저는 빵을 맛있게 **만들 줄 알아요**.	*(I know how to make delicious bread.)*
한국어를 배운 지 6개월밖에 안 돼서 한자를 **읽을 줄 몰라요**.	*(I've only been learning Korean for 6 months, so I don't know how to read Hanja.)*

How to form -을 줄 알다 and -을 줄 모르다

1 줄 알다 and 줄 모르다 only attach to verbs. If the verb ends in a consonant, 을 줄 알다/모르다 is used. If the verb ends in a vowel, ㄹ 줄 알다/모르다 is used, with the exception of irregular verbs.

마리아 씨, 스키 **탈 줄 알아요**?	*(Maria, do you know how to ski?)*
아니요. **탈 줄 모르**지만 배우고 싶어요.	*(No, I don't, but I want to learn.)*

2 줄 알다/모르다 are used to ask questions to another person, or to describe one's own abilities.

승원 씨, 이 소프트웨어 사용**할 줄 아세요**?	*(Seungwon, do you know how to use this software?)*

줄 알다 *and* 줄 모르다 *express the knowledge needed to do something. In comparison,* 못 하다 *expresses that someone cannot do something.* 을 수 있다/을 수 없다 *express whether or not something is possible, regardless of ability.*

피아노를 칠 줄 몰라요.	(I don't know how to play piano.)
피아노를 치지 못 해요.	(I can't play piano.)
피아노를 칠 수 없어요.	(I am unable to play piano.)

In the final sentence, the speaker may know how to play piano, but something may be preventing them, such as a hand injury. The speaker's knowledge in playing piano is unknown.

F Add -을 줄 알다 and -을 줄 모르다 **to the words using the prompts.**

1 나는 한국어를 하다_____ (knows how)
2 민진은 수영하다_____ (doesn't know how)
3 저는 김치를 만들다_____ (doesn't know how)
4 어머니는 한자를 읽다_____ (knows how)
5 동생은 피아노를 치다_____ (knows how)
6 저는 테니스를 하다_____ (doesn't know how)

G Write a whole phrase stating an ability or inability with the verbs.

1 농구하다   모르다

_____

4 노래하다   알다

_____

2 영어를 읽다   알다

_____

5 한국어를 쓰다   알다

_____

3 운전하다   모르다

_____

6 주식을 사다   모르다

_____

H Read the description of the person and turn it into a but sentence, using -줄 알다 and -줄 모르다.

1 브라이언: knows how to play football, doesn't know how to play basketball

_____

2 사라: knows how to read Chinese, doesn't know how to write Chinese

_____

3 마이클: knows how to play guitar, doesn't know how to sing

_____

4 제이크: knows how to speak Korean, doesn't know how to speak Japanese

_____

5 안나: knows how to cook, doesn't know how to bake

_____

6 제이슨: knows how to use sign language, doesn't know how to read braille

_____

Vocabulary

I Put the words into the right categories.

은행   투자   주식   계좌   이자

투자사업	은행업무

J Complete the missing words in the social media post.

📁 경력   ✕

안녕하세요 친구분들~~

저는 요즘 매달 들어오는 (1)_____이 너무 적어서 (2)_____ 확인할 때 마다 스트레스 받았어요. 대학교 학비 때문에 (3)_____이 많고 거기에 (4)_____가 계속 이고 있기도 합니다. 혹시 친구 분 중에 (5)_____에 관심 있는 분 있나요? (6)_____좀 해보려고 하는 데 혹시 가르쳐주실 분이 계시면 꼭 메세지 보내주세요!

K Write the Korean word for each definition.

1 매달 들어 오는 수입

_____

2 있는 돈과 돈 쓸 일을 계산해서 특정한 기간 동안 나가는 돈에 대해 만드는 계획

_____

3 돈을 보관하고 빌리고 관리해주는 곳

_____

4 은행에 자기의 돈과 정보가 있는 곳

_____

5 빚이 있을 때 미리 정한 기간이 지날 때마다 추가되는 비용

_____

6 어떤 물건의 가치를 돈으로 나타내는 것

_____

 # Reading

L Read the title and summary of the bank leaflet and answer the question:
어떤 사람들이 이 책자를 읽으면 도움 될까요?_____

인터넷 뱅킹을 이용하는 방법 - 인증서를 빨리 신청하다

M Now read the rest of this section from the leaflet, along with the email written in response to it, and answer the questions.

공인 인증서 발급을 위해서는 가장 먼저 은행에 방문하여 공인 인증서 발급과 인터넷 뱅킹 신청서를 작성해야 합니다. 은행에 갈 때는 신분증이 필요합니다. 신분증에는 주민 등록증, 운전면허증, 여권 등이 해당됩니다. 은행에서 비밀번호를 줄 것입니다. 그리고나서, 인터넷 뱅킹을 사용하려면 공인 인증서를 컴퓨터에 다운받으면됩니다. 혹시 문의 사항이 있다면 연락 주시기 바랍니다. 저희 은행에는 인터넷 뱅킹을 사용하는 고객님이 제일 많아 전화보다 메일로 연락 주시는 것이 빠를 것입니다.

주제:	은행 문의
받는 사람:	은행 직원 분
보내는 사람:	김주영

안녕하십니까?

인터넷 뱅킹에 관해서 여쭤볼 것이 있어서 연락 드립니다. 저는 인터넷 뱅킹을 잘 쓸 줄 잘 몰라서 그러는데요. 혹시 인터넷 뱅킹을 사용하려면 은행 계좌를 이미 가지고 있어야 하나요? 설명서 받은 것에 따르면 신분증을 가지고 은행에 가면 만들 수 있다고 하는데 그게 맞는 것인가요? 혹시 인터넷 뱅킹 계좌를 새로 만들 때 수수료가 들어가나요? 아니면 무료로 만들 수 있는 것인가요? 이자에 대한 질문도 있는데요. 은행에 돈 넣은 만큼에 따라서 이자가 생기나요? 아니면 정해진 금액의 이자가 있는 것인가요?

답변 바랍니다.

감사합니다.

공인 인증서	*certificate*	문의	*a query*	수수료	*a fee*
발급하다	*to issue*	신분증	*I.D.*	답변	*a written response*

1 은행에 갈 때 어떤 서류가 필요하나요?

_____

2 어떤 신청서를 작성해야 하나요?

_____

3 인터넷 뱅킹을 사용하려면 무엇을 다운 받아야하나요?

_____

4 메일 보낸 사람의 첫 번째 문의는 무엇이었나요?

_____

5 메일 보낸 사람의 두 번째 문의는 무엇이었나요?

_____

6 메일 보낸 사람의 두 번째 문의에 대한 답이 설명서에 들어 있었나요?

_____

Writing

N Write an email to the bank to ask some questions about banking. Include the following. (Write 80–100 words)

▶ 계좌를 만드는 것에 대한 문의를 포함해서 써보세요
▶ 빚에 대한 문의를 포함해서 써보세요
▶ 이자에 대한 문의를 포함해서 써보세요

_____

_____

_____

_____

_____

_____

_____

_____

_____

Self-check

Tick the box which matches your level of confidence.

1 = very confident   2 = need more practice   3 = not confident

자신이 다음과 같은 부분들을 얼마나 잘 이해하고 있는지 확인하고 표시하세요.

1 = 잘 이해하고 있음   2 = 연습이 더 필요함   3 = 이해하지 못함

	1	2	3
Use comparatives to express similarities and differences.			
Use constructions to express ability and knowledge.			
Can scan longer text in order to locate desired information and understand relevant information in everyday material, such as letters, brochures and short official documents (CEFR B1).			
Can write short, simple notes and messages relating to matters in areas of immediate need (CEFR A2).			

Hangeul: the Korean alphabet

A

1 ra 2 jeo 3 mun 4 gak 5 mil 6 don 7 jeol 8 man 9 yuk 10 ssal

B

1 tennis 2 computer 3 television 4 elevator 5 pizza 6 camera 7 banana 8 dance 9 cheese 10 pineapple

C

1 Canada 2 Brazil 3 France 4 Spain 5 Russia 6 Mexico 7 Vietnam 8 Sweden 9 Denmark 10 Norway

Unit 1

A

1 만나 2 먹어요 3 가 4 이에요 5 자 6 이야

B

1 줍니다, 줘요, 줘

2 주문합니다, 주문해요, 주문해

3 식사합니다, 식사해요, 식사해

4 만납니다, 만나요, 만나

5 갑니다, 가요, 가

6 있습니다, 있어요, 있어

7 옵니다, 와요, 와

C

1 저는 존이라고 해요.

2 저는 대학생이에요.

3 나는 매운 음식을 정말 좋아해.

D

1 저 2 나 3 나

E

1 Present 2 Future 3 Past 4 Future 5 Past 6 Past

F

1 b **2** a **3** b

G

1 b **2** d **3** f **4** a **5** e **6** c

H

1 여행 **2** 느끼해요 **3** 남편 **4** 학원 **5** 여행 **6** 찌개

I

찌개, 느끼하다, 맛있다, 서양, 요리하다, 외식

J

글 쓴 사람이 모르는 사람들.

K

1 찌개

2 만들기 쉽지만 해본 요리는 더 잘 만들 수 있어요.

3 프랑스

4 치즈

5 읽는 사람들과 음식을 못 나눠요.

6 Answers will vary.

Unit 2

A

1 한다 **2** 간다 **3** 준다 **4** 받는다 **5** 읽는다 **6** 온다

B

1 에서 **2** 에서 **3** 에서 **4** 에 **5** 에 **6** 에 **7** 에서 **8** 에서

C

1 콜라를   **4** 이메일을

2 책을   **5** 도서관에

3 드라마를   **6** 친구를

D

1 Correct

2 Incorrect (를)

3 Incorrect (를)

4 Incorrect (을)

5 Incorrect (를)

6 Incorrect (에)

E

1 에 **2** X **3** 에 **4** 에 **5** 에 **6** X **7** 에 **8** 에

F

1 에, 를

2 에서, 을

3 에, 에서, 를

4 에서, 까지, 에서, 를

5 X, 와, 에서, 를

6 에, 과, 을

G

1 볼래

2 공부할래요

3 할래

4 먹을래요

5 갈래요

6 만들래요

H

1 항상 **2** 자주 **3** 가끔 **4** 전혀 **5** 매일 **6** 별로 **7** 매주

I

1 가다 **2** 학교 **3** 매일 **4** 친구 **5** 운동 **6** 도서관

J

영국 사람과 한국 사람은 커피를 카페에서 마셔요.

K

1 커피를 좋아하는 건지 아니면 카페를 좋아하는 건지 궁금하다고 해요.

2 미팅을 카페에서 해요.

3 아아, 뜨아, 아바라

4 아아는 아이스 아메리카노, 뜨아는 뜨거운 아메리카노, 아바라는 아이스 바닐라 라떼

L (sample answer)

보통 미국 사람들은 아침에 일어나서 운동하고 일하러 갈 준비를 한다. 준비한 다음에 토스트나 시리얼을 먹는다. 그 다음에 출근한다. 출근을 차로 하는 사람이 많고, 도시에 사는 사람이면 버스나 지하철로 출근한다. 점심 식사는. 샌드위치 같은 것을 많이 먹는다. 점심 먹고 나서 다시 일하러 간다. 일이 끝나면 퇴근해서 집에 간다. 혼자 사는 사람들은 친구를 만나고, 가족과 함께 사는 사람들은 가족과 함께 시간을 보낸다. 저녁에 식사를 다시 한다. 요리해서 먹는 사람도 있고 식당에서 사먹는 사람도 있다. 요리를 하면 고기랑 감자나 빵이랑 샐러드 많이 먹는다. 식당에서 먹으면 햄버거 같은 것을 많이 먹는다.

Unit 3

A

1 남편 2 장남 3 아내 4 딸 5 할머니 6 형

B

1 마리아의 어머니   4 마크의

2 나의   5 우리의

3 미나의   6 가수의

C

1 Yes (네) 2 No 3 Yes (내) 4 No 5 Yes (내) 6 No

D

1 제 사촌의 가방은 책으로 꽉 찼어요.

2 네 형이 피아노 너무 잘 쳐.

3 그녀의 이모 집은 산과 가까워요.

4 우리의 동생들은 아직 중학생이에요.

5 삼촌의 사업이 잘 되고 있어요.

6 네 동생은 똑똑해.

E

1 이억구천만 원   4 삼십삼

2 백오십이   5 오십칠

3 팔백십오   6 이십칠

F

1 일곱 시 이십 분에

2 열한 시 십오 분에

3 네 시 삼십오 분에

4 두 시 삼십칠 분에

5 열한 시 십팔 분에

6 아홉 시 십이분에

G

1 Korean

2 Korean (hours), Chinese (minutes)

3 Chinese (minutes)

4 Korean

5 Chinese

6 Korean

H

1 천구백 사십 년 칠 월 이십일 일에 내어나셨어요.

2 세 명이에요.

3 팔이에요.

4 쉰다섯 살이에요.

5 구팔칠-육오사예요.

6 이천이십일 년 사 월 사 일에 졸업해요.

I

1 Yes **2** Yes **3** No **4** Yes **5** No **6** Yes

J

1 b **2 d** **3 e** **4 a** **5 c** **6 f**

K

1 딸 **2** 손자 **3** 부모님 **4** 여동생 **5** 남동생 **6** 아들이

L

1 시어머니, 조카딸

2 시아버지, 장모님, 작은누나, 장인

3 사돈, 큰누나, 조카

M

스물일곱 살

N

1 여동생은 부산에 살아요.

2 외할아버지와 외할머니는 농사를 짓고 있습니다.

3 런던에서 회사를 다니고 있습니다.

4 남동생은 초등학교 선생님으로 일하고 있어요.

5 이백오십 권이나 있습니다.

6 삼촌이 울었어요.

Unit 4

A

1 저녁에 샌드위치를 먹을 거야.

2 주말에 영화를 볼 거예요.

3 백화점에 갈 때 지하철을 탈 것입니다.

4 학교가 끝난 후에 친구랑 놀 거야.

5 월요일에 팀 미팅 있을 것입니다.

6 오늘 친구와 점심 먹을 거예요.

B

1 내일 친구를 만나겠습니다.

2 오늘 숙제를 다 끝내겠습니다.

3 부모님께 연락 드리겠습니다.

4 동생한테 선물을 주겠습니다.

5 가족과 함께 여행 가겠습니다.

6 내일 약속이 있겠습니다.

C

1 놀러가고 싶어요

2 맛있는 것을 먹고 싶어요

3 좋은 추억을 만들고 싶어요

4 집을 사고 싶어해요

5 오래 다니고 싶어해요

6 오늘 사주고 싶어해요

D

1 싫어요
2 싫어해요
3 싫어해요
4 싫어요
5 싫어해요
6 싫어해요

E

1 무엇을
2 누구
3 언제
4 누가
5 어떤
6 언제

F

1 이번 주말에 어디에 갈 거야?
2 파티에 가니까 새 무엇을 살 거예요?
3 학교에 갈 때 무엇을 입어요?
4 어디에 가서 공부할 거예요?
5 언제 취직했어요?
6 누가 서울에서 자랐어요?

G

1 빨간색   2 빨간색

H

1 파란색   2 빨간색   3 하얀색   4 원   5 어울려요   6 원피스

I

1 검은색   2 파란색   3 하얀색   4 빨간색   5 하얀색   6 초록색 / 빨간색
7 파란색   8 검은색

J

틀리다

K

1 옷을 팔아요
2 너무 비쌌어요.
3 길거리 음식을 만들고 싶어해요.
4 옷 가게, 한복 가게, 음식 파는 가게 있어요.

Unit 5

A

1 이 **2** 이 **3** 가 **4** 이 **5** 가 **6** 이

B

1 나는 딸기 좋아해. 너는 사과 좋아해.

2 미국에 햄버거는 많이 있어. 김치는 많이 없어.

3 아빠 차는 아주 커. 엄마 차는 작아.

4 빨간색 옷은 좋아해요. 검은색 옷은 안 좋아해요.

5 동생은 없어요. 형은 두 명 있어요.

6 오늘은 바빠요. 내일은 시간 괜찮아요.

C

1 는, 은 **2** 는, 가 **3** 는 **4** 가 **5** 저는 **6** 누가

D

1 저는 수영할 수 없어요.

2 그 사람은 악기를 칠 수 있어요.

3 너는 매운 음식을 먹을 수 있어

4 우리는 외국어를 이해할 수 없어요.

5 그 사람들은 농구를 할 수 있어요.

6 그녀는 노래를 할 수 없어요.

E

1 나는 테니스를 잘 못 쳐요.
　　나는 테니스를 잘 치지 못 해요.

2 나는 스페인어를 못 말해요
　　나는 스페인어를 말하지 못 해요.

3 나는 운전을 못 해요.
　　나는 운전을 하지 못 해요.

4 우리가 늦어서 같이 못 먹어요.
　　우리가 늦어서 같이 먹지 못 해요.

5 내 친구는 눈이 나빠서 멀리 못 봐요.

　내 친구는 눈이 나빠서 멀리서 보지 못 해요.

6 바이올린 좋아하지만 못 켜요.

　바이올린 좋아하지만 켜지 못 해요.

F

1 자전거　2 요리　3 비행기　4 비디오게임　5 달리기　6 독서

G

1 캠핑　2 피아노　3 등산　4 낚시　5 요리　6 축구

H

1 산　2 게임　3 색소폰　4 농구　5 경기　6 운동

I

스페인 사람입니다.

J

1 칠월에 갑니다.

2 수영과 요리입니다.

3 오빠들과 함께 수영해요.

4 겨울에 합니다.

K

할 수 있음	할 수 없음
수영	한국 음식 만들기
스페인 음식 만들기	

Unit 6

A

1 Active, 먹다　2 Active, 잠기다　3 Active, 팔리다　4 Passive, 쫓다　5 Passive, 걸다
6 Passive, 읽다

B

1 가격에 세금이 포함됩니다.

2 수업의 내용이 다 이해되었습니다.

3 고장난 컴퓨터가 대체될 거예요.

4 집에 가기 전에 할 일이 마무리될 겁니다.

5 집에서 저녁밥이 준비됩니다.

6 친구한테 편지가 발송됩니다.

C

1 가, 에게 **2** 가 **3** 이, 을 **4** 가, 를, 가 **5** 이 **6** 가, 에

D

1 -고 **2** -고나서 **3** -고 **4** -과 **5** -과 **6** -고

E

1 Past **2** Past perfect **3** Past **4** Past perfect **5** Past **6** Past

F

(1) 일했어요 **(2)** 은퇴했어요 **(3)** 갔고 **(4)** 봤어요 **(5)** 좋아했어요

(6) 여행 갔어요 **(7)** 재미있었어요. **(8)** 배웠고 **(9)** 싫었지만 **(10)** 싫어졌어요

G

1 d **2** e **3** a **4** c **5** b **6** f

H

1 a **2** d **3** b **4** e **5** c **6** f

I

1 가수 **2** 선수 **3** 화가 **4** 배우 **5** 시인 **6** 감독

J

백성을 사랑하는 훌륭한 지도자였어요.

K

1 열심히 살아야겠다고 생각했습니다.

2 한글을 만든 왕이었어요.

3 백성들이 글을 읽고 쓸 수 있었어요.

4 **10,000**원권 지폐에 있어요.

5 태종입니다.

Unit 7

A

1 좋지만   2 좋지만   3 힘들지만   4 좋지만   5 편하지만   6 맛있지만
덥다   비싸다   쉽다   싫다   작다   나쁘다

B

1 가게에 왔지만, 돈을 집에 두고 왔어요.

2 대학교에서 법을 전공했지만, 가수가 됐어요.

3 바다에 가고 싶지만 수영하지 못 해요.

4 친구가 많지만 가끔 외롭다.

5 시간이 없지만 친구 만나고 싶어요.

6 영어를 잘 못 하지만 열심히 공부해요.

C

1 은데 2 는데 3 었는데 4 ㄴ데 5 는데 6 인데

D

1 면 2 면 3 으면 4 으면 5 면 6 면

E

1 라면 2 했다면 3 싸다면 4 알려준다면 5 필요하다면 6 춥다면

F

1 열심히 공부해도, 시험을 잘 볼 수 없어요.

2 지금 차가 없지만 운전 면허증을 받아도, 차를 안 살 거예요.

3 결혼해도 아이를 많이 안 가지고 싶어요.

4 비행기표의 할인이 있어도, 먼 나라로 여행 안 갈 거예요.

5 많이 먹어도 살 안 찔 거예요.

6 친구 많이 사귀어도 재밌게 놀 수 없어요.

G

1 깨끗하게 **2** 행복하게 **3** 쉽게 **4** 많게 **5** 시끄럽게 **6** 다르게

H

1 여행   6 관광객

2 지도   7 여권

3 구경거리   8 여행사

4 비행기   9 국립 공원

5 표

I

1 여행 **2** 구경거리 **3** 여권 **4** 여행사 **5** 국립 공원 **6** 관광객

J

여행 외국 구경거리 여행사 비행기표 국내 여행 국립 공원 캠핑 등산 주말 여행

K

평화롭습니다.

L

1 가을에 볼 수 있어요   4 3 시간 걸려요.

2 등산, 케이블카 타기   5 기차, 버스

3 아니요   6 주말에 가장 복잡합니다.

Unit 8

A

1 때문에 **2** -이기 때문에 **3** -기 때문에 **4** -기 때문에 **5** -기 때문에 **6** 때문에

B

1 살기 때문에; 살아서; 사니까

2 공부하기 때문에; 공부해서; 공부하니까

3 만들기 때문에; 만들어서; 만드니까

4 약하기 때문에; 약해서; 약하니까

5 자기 때문에; 자서; 자니까

6 싫기 때문에; 싫어서; 싫으니까

C

1 있어서　**2** 하지 않아서　**3** 놓아 두었으니까　**4** 생일이니까　**5** 좋아해서
6 안 좋아서

D

1 일하지 않다; 일 안 하다.

2 읽지 않다; 안 읽다.

3 재미있지 않다; 안 재미있다.

4 싫어하지 않다; 안 싫어하다.

5 다르지 않다; 안 다르다.

6 건강하지 않다; 안 건강하다.

E

1 나는 고향이 더워서 거기에 안 살아요.

2 내 친구는 김치가 매워서 안 먹어요.

3 우리 엄마는 영어가 어려워서 안 배워요.

4 영국은 비가 와서 밖에서 안 놀아요.

5 한국드라마는 재밌어서 미국드라마를 안 봐요.

6 엄마가 바빠서 오늘 일 안 해요.

F

1 여가　**2** 여행　**3** 선호해요　**4** 휴가　**5** 싫어해요　**6** 지루해요

G

1 g　**2** e　**3** h　**4** f　**5** a　**6** i　**7** b　**8** d　**9** c　**10** k　**11** j

H

1 선호합니다.　**2** 취미　**3** 취향　**4** 여행　**5** 휴가　**6** 즐깁니다.

I

1 Does not fit

2 Fits

3 Fits

4 Fits

5 Does not fit

6 Does not fit

J

부산에 갔습니다.

K

1 아니요

2 이 주

3 덜커덩덜커덩했어요

4 꽈배기를 좋아하고 회를 싫어해요.

5 국제 시장, 해운대, 그리고 미술관에 갔습니다.

Unit 9

A

1 하는   2 읽는   3 먹는   4 있는   5 없는   6 가는

B

1 공부하는   2 입고 있는   3 읽는   4 먹는   5 생각하는   6 가는

C

1 한   2 읽은   3 먹은   4 있은   5 없은   6 간

D

1 할   4 살 도시
2 먹을 음식   5 만날 친구
3 들을 음악   6 만들 음식

E

1 만드는   2 온   3 상의할   4 참여할   5 보낼   6 내린

F

1 과일을 파는 가게

2 옷을 만드는 아저씨

3 나를 모르는 사람

4 일 하는 직원

5 아빠가 다니는 회사

6 나를 고용한 사람

G

1 저기 소금을 주세요.

2 오늘 가게에 가면 요거트를 사세요.

3 카페 안에서 점심을 먹으세요.

4 도서관에서 조용히 이야기하세요.

5 손님을 좌석에 안내하세요.

6 지금 계산하세요.

H

1 다니는 **2** 보내세요. **3** 할 **4** 말하세요. **5** 먹는 **6** 하세요.

I

1 e **2** j **3** c **4** f **5** b **6** i **7** h **8** d **9** g **10** a

J

1 직원 **2** 중요하다 **3** 물품 **4** 전자제품 **5** 받다 **6** 팔다

K

1 확인 **2** 대표님 **3** 전자 제품, 가격 **4** 직원 **5** 전달 **6** 물품

L

물품 가격에 대해.

M

1 가게 근처에 사는 사람들은 물품을 많이 사려고 했어요.

2 전자 제품

3 가게 사장님

4 가게 사장님과 연락하는 일

5 한 번씩 확인하고 대표님한테도 연락을 드리겠다고 했어요.

Unit 10

A

1 오늘 가게에 가면 요거트를 사 줘요.

2 어제 누가 이겼는지 알려 줘요.

3 제가 설명하면 들어 줘요.

4 손님을 좌석에 안내해 줘요.

5 좋은 노래를 불러 줘요.

6 어떻게 하는지 가르쳐 줘요.

B

1 제가 설명할 것을 적어 봐요.

2 마리아가 만든 음식을 먹어 봐요.

3 제가 말한 것을 마크에게 전해 봐요.

4 직진을 가 봐요.

5 선생님께 인사해 봐요.

6 내가 하는 말을 들어봐요.

C

1 전달해 주세요.

2 가 주세요.

3 봐 보세요.

4 주세요.

5 말해 보세요.

6 찾아주세요.

D

1 만들었습니다.

2 노력하겠습니다.

3 하기로

4 가고.

5 했습니다.

6 만들었습니다.

E

1 사 주다 2 읽어 보다 3 공부해 놓다 4 극복해 내다 5 말해 버리다
6 되어 가다

F

1 로 **2** 으로서 **3** 로 **4** 로 **5** 으로서 **6** 로

G

1 독립하다 **2** 오피스텔 **3** 기숙사 **4** 자동차 **5** 바닥 **6** 옆집

H

1 나는 학생 시절에 고시원에 살았어.

2 진희는 학교 기숙사에 들어갔어요.

3 미국 사람들은 성인이 되면 독립해요.

4 우리 동네에 주택이 많이 없어요.

5 원룸에 살면 집주인이 따로 있어요.

6 매달 월세 내는 것이 힘들어요.

I

1 동네 **2** 아파트 **3** 주택 **4** 고시원 **5** 원룸이 **6** 집주인

J

1 숙소에 대해 신경 썼어요.

숙소

K

1 기숙사, 원룸, 고시원, 주택

2 원룸 집주인이 힘들게 했다. 고시원이 너무 좁고 이상한 사람이 많았다.

3 3학년 때부터

4 공부에 집중할 수 있는 곳이 좋다.

5 편하게 지내고 공부에 집중할 수 있었다.

6 조금 비싸도 집중할 수 있는 곳으로 가라고 했다.

Unit 11

A

1 에, 에서 **2** 에 **3** 에서 **4** 에 **5** 에 **6** 에서

B

1 우리가 여름에 할머니 만나러 갑니다.

2 그 팀은 이번에 경기를 한다고 해요.

3 내 동생은 아침 7시에 학교로 간다.

4 나는 내년에 학교 졸업해.

5 봄에 여행 가면 날씨가 좋아.

6 아침 6시에 일어나면 하루 종일 피곤할 수도 있어요.

C

1 작년, 지금

2 집, 친구 집

3 작년, 올해

4 지금, 내일

5 어제, 오늘 아침

6 이제, 저녁

D

1 에서 2 부터 3 에서 4 부터 5 부터 6 에서

E

1 추우니까 2 부었어요 3 걸어서 4 다른 5 매워서 6 부어야

F

달리기, 경기, 축구, 테니스, 팀, 사격, 농구, 역도, 골, 궁도, 선수

G

1 축구 2 야구 3 농구 4 궁도 5 달리기 6 다이어트 7 선수 8 사격

H

1 다이어트 2 운동 3 근육 4 역도 5 스포츠 6 팀

I

1988년도에 열렸어요.

J

1 200개

2 11,000명

3 영광이라고 느낍니다.

4 자기 나라에 대한 자존심이 생기고 다른 나라에 대해 배울 수 있어요.

Unit 12

A

1 웃기다 **2** 씻기다 **3** 보이다 **4** 읽히다 **5** 넓히다 **6** 죽이다 **7** 늦추다

B

1 Active, 재우다

2 Causative, 녹다

3 Causative, 앉히다

4 Active, 벗기다

5 Causative, 쓰다

6 Active, 알리다

C

1 가게 했어요.

2 먹게 했어요.

3 닫게 해서

4 부르게 했어요.

5 하게 했어요.

6 내리게 했어요.

D

1 행복하게 **2** 먹게 **3** 건강하게 **4** 연습하게 **5** 도와주게 **6** 하게

E

1 선생님이 우리를 공부하게 했습니다.

2 겨울에 옷이 나를 따뜻하게 만듭니다.

3 한국 음식이 몸을 건강하게 합니다.

4 부모님이 동생을 일하게 했습니다.

5 친구가 나를 노래 부르게 했습니다.

6 영화가 너를 슬프게 했어?

F

1 먹어야 됩니다.

2 잘 해야 됩니다.

3 줘야 됩니다.

4 써야 됩니다.

5 사야 됩니다.

6 먹어야 됩니다.

G

1 사람은 자야 됩니다.

2 어린 아이들은 놀 시간이 있어야 됩니다.

3 언어를 배우고 싶으면 연습해야 됩니다.

4 친구들을 만날 때 자기와 비슷한 친구를 만나야 됩니다.

5 학교 다니는 사람들은 집중해야 됩니다.

6 직장인들은 가끔 휴식 가져야 됩니다.

H

1 과일   **2** 소금   **3** 지방

I

유제품: 우유   버터

자라는 음식: 야채   과일

음식 그룹: 단백질   탄수화물   지방   칼슘

곡물로 만든 음식: 빵   밥

J

1 야채   **2** 과자   **3** 사탕   **4** 칼슘   **5** 과일   **6** 단백질

K

나물 많이 먹고 고기를 많이 먹지 않았다.

L

1 프로바이오틱스가 많이 있어요.

2 고추가 들어가서 매워졌어요.

3 중국에서 생겼어요.

4 비빔밥

5 한국 라면이 맵다.

6 야채와 참치나 햄이 들어간다.

M (sample answer)

친구 안녕,

요즘 너가 더 건강하게 먹고 싶다고 했지? 난 요즘 진짜 맛있고 건강에 좋은 음식을 많이 먹고 있어. 한국에 그런 음식이 많거든. 넌 야채 좋아해? 난 원래 안 좋아했는데, 한국에서 김치를 많이 먹게 됐어. 김치는 여러 재료로 만들어지는데 다 건강에 좋아. 김치가 맵지만 밥이랑 같이 먹으면 맛있어. 고기도 좋아하지? 한국 사람들은 고기보단 생선을 많이 먹지만 고기도 먹어. 생선은 많이 먹어도 건강에 좋대. 고기는 많이 먹으면 안되지만 조금은 먹어도 좋아.

나는 원래 건강에 안 좋은 피자나 치킨 같은 음식 좋아했지만 요즘 한국에서 찌개 종류를 많이 좋아하게 되었어. 김치 찌개가 제일 맛있어!

지금도 한 번씩 피자를 먹을 기회 있으면 먹긴 하지. 한국에 고구마 피자가 있어. 한국에서 처음으로 먹어봤어. 고구마가 피자랑 안 어울릴 것 같았는데 같이 먹으면 맛있더라고. 너도 곧 한국에 오니까 건강에 좋은 맛있는 음식 많이 먹을 수 있을 거야!

그럼 오늘도 좋은 하루 보내!

Unit 13

A

1 를 **2** 을 **3** 을 **4** 을 **5** 를 **6** 를

B

1 Doesn't match

2 Matches

3 Doesn't match

4 Matches

5 Matches

6 Doesn't match

C

1 에게, 을 **2** 에, 을 **3** 를, 께, 을 **4** 에 **5** 에게, 을 **6** 에게, 을

D

1 Doesn't match

2 Doesn't match

3 Matches

4 Matches

5 Doesn't match

6 Matches

E

1 만 **2** 에서만 **3** 에서만 **4** 에만 **5** 만을 **6** 밖에

F

1 b, c, e, f

2 a, d, f

G

1 에 대한　**2** 에 대해　**3** 에 대해　**4** 에 대한　**5** 에 대한　**6** 에 대한

H

1 영화　**2** 영화관　**3** 매출　**4** 매진　**5** 장르　**6** 주연 배우　**7** 판타지　**8** 사극

I

1 g　**2** c　**3** f　**4** b　**5** d　**6** a　**7** e

J

1 Related

2 Related

3 Related

4 Not related

5 Related

6 Related

7 Related

8 Not related

K

봉준호

L

1 기생충

2 빈부격차

3 문광의 남편

4 박 사장의 기사이다

5 가난한 사람과 부자 사이의 갭

6 주연 배우

Unit 14

A

1 국제적인　**2** 역사적인　**3** 비판적인　**4** 반대적인　**5** 감독적인　**6** 교육적인

B

1 a　**2** d　**3** f　**4** e　**5** c　**6** b

C

1 답다 **2** 스럽다 **3** 스럽다 **4** both

5 답다 **6** 스럽다 **7** 답다 **8** 스럽다

D

1 다운 **2** 스러워요 **3** 다운 **4** 스러워요 **5** 다워요 **6** 답

E

1 를 위한 **2** 를 위한 **3** 을 위해 **4** 을 위해 **5** 를 위해 **6** 을 위한

F

1 Nervous: 설레다, 떨다, 걱정

2 Confused: 헷갈리다, 착잡하다

3 Sad: 우울하다, 슬프다

4 Happy: 기쁘다, 기분이 좋다

5 Angry: 화 나다, 풀다

G

1 걱정 **2** 슬프다 **3** 설레다 **4** 떨리다 **5** 기쁘다 **6** 화 나다

H

1 설렜어요. **2** 슬펐어요. **3** 별로예요. **4** 기뻐요. **5** 화나요. **6** 떨어요.

I

1 No emotion

2 Emotion

3 Emotion

4 No emotion

5 Emotion

6 No emotion

J

1 우울했어요 **2** 화났어요 **3** 기뻤어요 **4** 떨었어요 **5** 설레요 **6** 걱정해요

K

우울해서

L

1 기뻤어요.

2 발표해야 돼요.

3 음식이 늦게 나왔어요.

4 날씨라고 했어요.

5 마음이 슬펐어요. 같이 한 시간을 생각할 때 기뻤어요.

Unit 15

A

1 서울에서 부산까지 차로 가도 됩니다.

2 아이가 과자를 먹기 전에 야채를 먹어도 돼.

3 쇼핑을 할 때는 에코백을 사용해야 돼요.

4 어디든지 앉아도 돼요.

5 내일 저녁에 친구 만나도 돼요.

6 오늘 빨리 시험 봐도 돼요.

B

1 a **2** b **3** b **4** a **5** a **6** b

C

1 Incorrect

2 Correct

3 Incorrect

4 Incorrect

5 Correct

6 Correct

D

1 피우면 안 돼요.

2 입지 않아도 돼요.

3 말하면 안돼요.

4 사용하면 안돼요.

5 안 먹으면 안돼요.

6 가지 않아도 돼요.

E

1 등갈비를 주문하자. 등갈비를 주문합시다.

2 다음 주말에 공원에 가자. 다음 주말에 공원에 갑시다.

3 추석이 되면 윷놀이를 하자. 추석이 되면 윷놀이를 합시다.

4 들어가면 안 되는 곳에 가지 말자. 들어가면 안 되는 곳에 가지 맙시다.

5 영화관에 가기 위해 택시를 부르자. 영화관에 가기 위해 택시를 부릅시다.

6 벚꽃을 보자. 벚꽃을 봅시다.

7 음악을 잘 듣자. 음악을 잘 들읍시다.

F

1 읽읍시다 2 보자 3 방문하자 4 공부합시다 5 가르칩시다 6 먹자

G

1 그 영화를 나중에 보러 가자.

2 이러지 말고 우리 숙제에 집중합시다.

3 우리 내일은 김밥 먹으러 꼭 가자!

4 쓰레기 버릴 때 될 수 있으면 재활용 쓰도록 하자.

5 내일 병원에 가서 의사랑 얘기합시다.

6 강아지를 산책시키자.

H

1 종이	신문	책	박스
2 비닐	비닐 봉투	물병	비닐 장갑
3 캔	음료 캔	맥주 캔	커피 캔
4 유리	와인 잔	소주병	깨진 창문
5 음식물	뼈	오렌지 껍질	썩은 사과

I

1 a 2 c 3 d 4 b 5 f 6 e

J

1 공기 2 미세먼지 3 마스크 4 오염 5 재활용 6 분리수거함

K

단순한 정치 문제가 아니예요.

L

1 산불 때문에 오렌지색이 됐어요.

2 관심을 안 가져요.

3 플라스틱 용기를 줄이고, 쓰레기를 줄인다고 했어요.

4 플라스틱 가방 대신에 종이 가방을 쓸 수 있어요.

5 환경 보호

6 지구촌 모든 사람

Unit 16

A

1 공부하지요 4 빠르지요

2 읽었지요 5 봤지

3 가지 6 하셨지요

B

1 행복하네요 4 느리네요

2 느꼈네요 5 줬네

3 오네 6 보셨네요

C

1 √ 2 × 3 √ 4 √ 5 √ 6 ×

D

1 슬프군요 2 울었군요 3 받는군 4 웃기군요 5 웃었군 6 아셨군요

E

1 지요? 2 네요 3 는구나 4 네 5 지요? 6 군요

F

1 지요 2 네요 3 군요 4 지요 5 네요 6 군요

G

1 닫히다 2 열다 3 잇다 4 쌓이다 5 모으다 6 늘리다

H

1 이 **2** 이 **3** 을 **4** 이 **5** 이 **6** 이

I

1 Intransitive

2 Transitive

3 Transitive

4 Intransitive

5 Ditransitive

6 Ditransitive

7 Intransitive

8 Intransitive

J

공부: 외우다 독학

언어: 문법 단어 회화 유창하다 원어민 모국어

K

1 원어민

2 독학

3 단어

4 문법

5 외우(다)

6 회화

7 유창하(다)

L

1 회화 **2** 모국어 **3** 독학 **4** 외우다 **5** 유창하다 **6** 원어민

M

세계 공용어입니다.

N

1 영어를 제2 외국어로 쓰는 사람들이 영어를 모국어로 쓰는 사람보다 많아질 것입니다.

2 "당신이 상대방이 '이해할 수 있는' 언어로 말을 한다면, 그 말은 그 사람의 머리속으로 갑니다. 그렇지만, 당신이 상대방의 언어로 '말을 한다면', 그 말은 그 사람의 마음속으로 갑니다."

3 공부하고 일하고 가정을 꾸린다고 했어요.

4 연습을 많이 해야 돼요.

5 꾸준히 하는 것

Unit 17

A

1 학교에 가기 전에 밥 먹어야 돼.

2 시험보기 전에 친구랑 만나기로 했어.

3 일을 그만두기 전에 사장님께 말씀 드려야 돼요.

4 저녁 식사하기 전에 일 끝낼 겁니다.

5 운동을 하기 전에 스트레칭 하고 싶어요.

6 공부하기 전에 알바했어.

B

1 우리가 운동한 후에 밥 먹어요.

2 건강에 좋은 음식 먹은 후에 디저트 먹어.

3 서로 알아간 후에 친해질 수 있어요.

4 공부 많이 한 후에 취직해요.

5 책 읽은 후에 영화 봐요.

6 돈 모은 후에 차 사요.

C

1 밥 먹으면서 텔레비전을 봐요.

2 공부하면서 음악 들어요.

3 영화를 보면서 울었어요.

4 운전하면서 통화하면 위험해요.

5 친구랑 이야기하면서 핸드폰 봤어요.

6 운동하면서 여러가지 생각이 많이 들어.

D

1 들으면서

2 계산하기 전에

3 사귄 후에

4 배우면서

5 놀기 전에

6 죽기 전에

E

1 어제 학교가 일찍 끝난 덕분에 집에 가서 쉴 수 있어요.

2 우리 형이 나한테 용돈 준 덕분에 맛있는 것 사먹었어요.

3 SNS가 생긴 덕분에 글로벌 사업이 많아졌어요.

4 우리가 오래 공부한 덕분에 시험 점수가 잘 나왔어요.

5 오늘 언니가 커피 사준 덕분에 하루 종일 기분이 좋았어요.

6 어릴 때 영어로 책을 많이 본 덕분에 커서 영어 공부를 쉽게 했어요.

F

1 핸드폰을 잊어버린 탓에 연락을 못 받았어요.

2 사장님한테 말씀을 못 들은 탓에 회의에 참석 못 했어요.

3 친구가 화난 탓에 여행 내내 분위기가 이상했어요.

4 공부를 안한 탓에 시험에 떨어졌어.

5 집중 안한 탓에 어제 교통 사고가 났어요.

6 어젯밤에 썩은 음식을 먹은 탓에 배가 아팠어요.

G

1 덕분에 **2** 탓에 **3** 탓에 **4** 덕분에 **5** 탓에 **6** 탓에

H

1 자기 소개서 **2** 신입 사원 **3** 면접 **4** 지원서 **5** 취직 **6** 이력서

I

1 이력서 **2** 취직 **3** 지원서 **4** 자기 소개서 **5** 신입 사원 **6** 면접

J

1 Incorrect   **4** Correct

2 Correct   **5** Incorrect

3 Incorrect   **6** Correct

K

다양한 경험이 있어요.

L

1 부산 외국어 고등학교

2 영문학

3 미국에 있을 때

4 가르치는 일

5 영어 유치원 교사

Unit 18

A

1 갈게요

2 해볼게요

3 요리해 줄게요

4 읽을게요

5 줄게요

6 생각해 볼게요

7 알려 줄게요

8 꿇을게요

B

1 슈퍼에 가면 우유와 밀가루를 살게.

2 집에 돌아온 후에 전화할게요.

3 학교에 가기 전에 방을 정리할게.

4 등산하기 전에 준비 운동 할게.

5 내일 회의에 제시간까지 갈게요.

6 다닐 대학교를 결정하기 전에 잘 생각할게.

C

1 마트에 가면 우유가 있는지 좀 봐주겠어?

2 학교에 도착하면 저에게 연락 주시겠어요?

3 여자 친구가 오기 전에 사무실 정리 좀 해주겠어?

4 운동 수업에 가기 전에 스트레칭 열심히 하시겠어요?

5 내일 할 일이 많으니까 일찍 오시겠어요?

6 아이들이 시험 보는 날에 특별히 신경 써주시겠어요?

D

1 내일 병원에 가겠습니다.

2 친구에게 맛있는 저녁을 사줄게요.

3 사장님께 편지를 보내볼게요.

4 내년에 다른 학교에 다니겠습니다.

5 메시지를 주면 전달해줄게.

6 오늘 저녁은 제가 만들게요.

E

1 먹어 보고 싶어요

2 만나 보고 싶어요

3 가보고 싶어요

4 일해 볼게요

5 봐 볼게요

6 읽어 볼게요

F

1 변호사	c		**7** 교수	b
2 의사	a		**8** 운동 선수	a
3 교사	b		**9** 공무원	c
4 코치	a		**10** 목사	c
5 회계사	c		**11** 기사	c
6 간호사	a			

G

1 교사 **2** 목사 **3** 공무원 **4** 교수 **5** 의사 **6** 코치

H

1 변호사 **2** 목사 **3** 회계사 **4** 가수 **5** 요리사 **6** 과학자

I

따뜻한 마음으로 열심히 가르쳐줄 선생님

J

1 꿈나무 어린이 영어 유치원

2 5-6세 어린 아이들에게 영어를 가르쳐 줄 선생님

3 15명

4 영어를 유창하게 하는 사람

5 전화하거나 직접 가서 지원해도 돼요

Unit 19

A

1 그 스푼 **2** 저 새 **3** 이 모자 **4** 저 책 **5** 이 핸드폰 **6** 그 티셔츠

B

1 그 **2** 저기 **3** 이 **4** 이것 **5** 저 **6** 그것

C

1 O **2** O **3** O **4** X **5** X

D

1 그는 오랫동안 열심히 공부했어요.

2 그녀는 고등학교에 있을 때 훌륭한 학생이었다.

3 그들은 시험 준비를 많이 해왔다.

4 이분은 내 친구의 어머니예요.

5 이들은 우리 학교 아이들 중에 제일 똑똑한 아이들이다.

6 그분은 학교 과목 중에 수학을 제일 좋아해요.

E

1 어제는 뭐 했어요? 라고 물어봤어요.

2 저는 거기에 가기 싫어요! 라고 말했어요.

3 이 편지를 사장님께 "전해 주세요" 라고 했어요.

4 왜 숙제를 안 했어? 라고 물어봤어요.

5 늦게 와서 미안합니다 라고 말했어요.

6 다시는 늦게 오지 마세요 라고 했어요.

F

1 라고 **2** 다고 **3** 라고 **4** 자고 **5** 라고 **6** 라고 **7** ㄴ다고

G

1 날씨가 추워서 등산하지 말자고 추천했어요.

2 그 책을 자기에게 빌려달라고 요구했어요.

3 진짜 재밌다고 소리 질렀어요.

4 수업은 몇시에 시작하냐고 물어봤어요.

5 자기는 뉴욕에서 왔다고 얘기했어요.

6 엄마가 밥을 했다고 전했어요.

H

1 부유층 2 수험생 3 전공 4 고삼 5 학원 6 알바

I

1 고삼 2 수능 3 재수 4 입학 5 과외 6 학원 7 수험생

J

1 입학 2 문과 3 부유층 4 고삼 5 학원 6 재수

K

매우 춥다

L

1 컨설턴트를 고용해요.

2 자녀들이 부모님의 힘으로 쉽게 대학에 들어갔어요.

3 학부모

4 돈

5 컨설턴트를 고용 못하게 하거나 학원 비용이 덜 들게 해야 된다고 했어요.

6 아이들은 공부 때문에 스트레스를 받고 학부모는 돈 때문에 스트레스를 받아요.

Unit 20

A

1 메리는 마이컬보다 똑똑해요.

2 저는 파스타보다 피자 선호해요.

3 부산보다 서울이 커요.

4 달보다 해가 멀어요.

5 지구는 과거보다 따뜻해요.

6 저는 동생보다 덜 예뻐요.

B

1 은, 보다 2 보다, 은 3 는, 보다 4 은, 보다 5 은, 보다 6 는, 보다

C

1 민진이만큼 수영 좋아해요.

2 수만큼 일 안해요.

3 하와이는 타히티만큼 더워요.

4 할 수 있는 만큼만 하세요.

5 필요한 만큼만 말하세요.

6 제니만큼 노래 못 해요.

D

1 민희는 석우만큼 힘이 세다.

2 한국은 겨울에 미국이나 영국만큼 춥다.

3 요즘 물가가 예전만큼 싸지 않다.

4 학생 때는 주말이 평일만큼 바빴어요.

5 오렌지만큼 사과가 많이 있어요.

6 나는 농구를 축구만큼 좋아해요.

E

1 공부는 노력하는 만큼 결과가 달라져요.

2 주식은 공부하는 만큼 더 좋은 성과를 얻을 수 있어요.

3 사랑이 힘든 만큼 의미가 있어요.

4 알바생은 일한 만큼 돈을 받았어요.

5 어머니는 우리가 먹을 만큼 만들어요.

6 동생은 나만큼 노래를 못 해요.

F

1 농구할 줄 몰라요

2 영어를 읽을 줄 알아요

3 운전할 줄 몰라요

4 노래할 줄 알아요

5 한국어를 쓸 줄 알아요

6 주식을 살 줄 몰라요

G

1 농구할 줄 몰라요.

2 영어를 읽을 줄 알아요.

3 운전할 줄 몰라요.

4 노래할 줄 알아요.

5 한국어를 쓸 줄 알아요.

6 주식을 살 줄을 몰라요.

H

1 브라이언은 축구할 줄 알지만 농구는 할 줄 몰라요.

2 사라는 중국어를 읽을 줄 알지만 중국어를 쓸 줄은 몰라요.

3 마이컬은 기타는 칠 줄 알지만 노래할 줄 몰라요.

4 제이크는 한국어 할 줄 알지만 일본어는 할 줄 몰라요.

5 안나는 요리할 줄 알지만 베이킹은 할 줄 몰라요.

6 제이슨은 수화할 줄은 알지만 점자를 읽을 줄 몰라요.

I

투자사업: 투자, 주식

은행업무: 은행, 계좌, 이자

J

1 월급   2 계좌   3 빚   4 이자   5 주식   6 투자

K

1 월급   2 예산   3 은행   4 계좌   5 이자   6 가격

L

인터넷 뱅킹을 하고 싶은 사람.

M

1 신분증

2 인터넷 뱅킹 신청서

3 공인 인증서

4 은행 계좌를 이미 가지고 있어야 하나요?

5 신분증을 가지고 은행에 가면 만들 수 있어요?

6 네, 들어 있어요.

Active: a voice in which the subject performs the action of the sentence.

Affix: a morpheme that is attached to a word stem to form a new word or word form.

Auxiliary verb: a helping element, typically a verb that adds meaning to the basic meaning of the main verb in a clause.

Causative: a linguistic expression referring to a situation consisting of a certain event and a force responsible for the realization of it.

Command: an illocutionary act that has the directive point of getting another to do or not do something.

Comparative: an adjective used to describe a noun by comparing it to another noun, e.g. smaller, wiser.

Conditional: a mood that expresses one thing being contingent on another.

Dative: a grammatical case used to indicate the recipient or beneficiary of an action.

Demonstrative: words, such as *this* and *that*, used to indicate which entities are being referred to and to distinguish those entities from others.

Direct quotation: a quotation that involves text or speech directly from a source with no changes.

Ditransitive: a verb which requires two argument noun phrases to form a grammatical clause.

Honorific: a form of a word or a grammatical form that signals respect, politeness and social deference.

Indirect quotation: a quotation that involves reporting what someone said, but not exactly.

Instrumental: a grammatical case used to indicate that a noun is the instrument or means by which the subject achieves an action.

Intimate: the form of a verb or adjective that shows a close relationship between addresser and addressee.

Intransitive: a verb which requires no dependent noun phrases to form a grammatical clause.

Modes of address: in any act of communication, the relationship between addresser and addressee, which can be inferred from explicit and implicit cues.

Object: a noun phrase on which a verb performs an action.

Particle: a function word that must be associated with another word or phrase to impart meaning.

Passive: a voice in which the action is performed on the subject of the sentence.

Polite: the form of a verb or adjective that shows politeness from the addresser to the addressee.

Possessive: an asymmetric relationship between two constituents, the referent of one of which in some sense possesses the referent of the other.

Progressive: a continuous aspect that expresses processes as opposed to states.

Pronoun: a word that functions as a noun phrase alone and refers to another noun in discourse.

Relative clause: a clause that relates to and modifies a constituent of a sentence.

Subject: expresses a relationship between a noun or pronoun and a verb. The subject of a sentence typically performs the action of a verb.

Suffix: an affix which is placed after the stem of a word.

Tense: a category that describes time reference and is typically expressed by a morpheme attached to a verb or adjective.

Third person: a set of linguistic forms (such as verb forms, pronouns, and inflectional affixes) referring to one that is neither the speaker or writer of the utterance in which they occur nor the one to whom that utterance is addressed.

Transitive verb: a verb which requires one dependent noun phrase to form a grammatical clause.

KOREAN–ENGLISH GLOSSARY

ㄱ

가격	price
가끔	sometimes
가다	to go
가수	singer
가족	family
간호사	nurse
감독	director
개봉	release
거미	spider
걱정	worry
검은색	black
경기	competition
경제적	economic
계좌	bank account
고기	meat
고기 뼈	meat bone
고시원	student's studio apartment
고추	pepper
골	goal
공기	atmosphere
공무원	public servant
공포 영화	horror film
과외	tutoring
과일	fruit
과자	sweets
교사	teacher
교수	professor
구름	cloud
귀엽다	to be cute
귀찮다	to be annoying
근육	training
기분이 좋다	to be in a good mood
기쁘다	to be glad
기사	driver
기숙사	dormitory
기타	guitar

깨끗하다	to be clean
깨진 창문	smashed window
꽃	flower

ㄴ

낚시	fishing
남동생	younger brother
남편	husband
내년	next year
내일	tomorrow
너무	too
노랗다	to be yellow
농구	basketball
누가/누구	who
누나	older sister

ㄷ

다이어트	diet
단백질	protein
단어	vocabulary
달리기	running
대표님	representative
대학 입시	entry into university
더럽다	to be dirty
도서관	library
독립하다	to be independent
독학	independent study
등산	hiking
딸	daughter
딸기	strawberry
떨다	to shake
똑똑하다	to be intelligent

ㄹ

로맨스	romance
로맨틱 코미디	romantic comedy
룸메이트	roommate

ㅁ

마스크	mask
만약	if
맑다	to be clear

매일	every day
매주	every week
매진	sold out
매출	sales
맥주 캔	beer can
먹다	to eat
멋있다	to be cool
면접	interview
모국어	mother language
목사	priest
목요일	Thursday
무슨	which
무엇/뭐	what
무용수	dancer
문과	humanities
문법	grammar
문화적	cultural
물	water
물병	water bottle
물품	product
미세먼지	yellow dust

ㅂ

바다	ocean/sea
바지	pants
박스	box
반대	opposite
밤 하늘	night sky
밥	rice
배우	actor
버터	butter
벌써	already
변호사	lawyer
별로	rarely, not really
보내다	to send
복잡하다	to be complicated
부모님	parent
부옇다	to be foggy
부유층	the wealthy class

분리수거함	recycling
불편하다	to be inconvenient
블루베리	blueberry
비닐 봉투	plastic bag
비닐 장갑	plastic gloves
비디오게임	video/computer game
비싸다	to be expensive
비판적	critical
비평	review, critique
비행기	aeroplane
빨간색	red
빵	bread

ㅅ

사극	historical drama
사돈	in-laws
사장님	boss
산	mountain
색깔	colour
색소폰	saxophone
선수	athlete
선호하다	to prefer
설레다	to tremble
설탕	sugar
섬	island
세입자	tenant
셔츠	shirt
소금	salt
소주병	soju bottle
손자	grandson
손주	grandchild
솜	cotton
수능	Korean college entrance test
수요일	Wednesday
수험 생	examinee
스릴러	thriller
슬프다	to be sad
시나리오 작가	screenwriter

시리즈	series	오염	pollution
시아버지	father-in-law	오피스텔	office apartment
시어머니	mother-in-law	옷	clothes
시월	October	와인 잔	wine glass
시인	poet	왜	why
신문	newspaper	외우다	to memorize
신입 사원	new intern	외할아버지	grandfather on mother's side
심각하다	to be extreme		
썩은 사과	rotten apple	요리	cooking

ㅇ

		우울하다	to be depressed
아내	wife	우유	milk
아들	son	운동	exercise
아름답다	to be beautiful	운동 선수	athlete
아무리	not really	원룸	one-room
아직	still	원어민	native speaker
아침	morning	원피스	dress
아파트	apartment	월세	monthly rent
야구	baseball	월요일	Monday
야채	vegetable	유창하다	to be fluent
어디	where	은행	bank
어때/어떻게	how	의사	doctor
어떤	what kind of	이과	science and maths
어렵다	to be difficult	이력서	CV
언제	when	이메일	email
얼마	how much	이메일 주소	email address
여가 시간	leisure time	이자	interest
여동생	younger sister	일찍	early
여행	holiday	읽다	to read
역도	weightlifting	입학	admittance to a school
역사적	historical		

ㅈ

연기	performance	자기 소개서	self-introduction paper
연주자	musical performer	자막	subtitle
영화	film	자전거	bicycle
영화관	cinema	자주	often
예쁘다	to be pretty	작사가	songwriter
예산	estimate	잘생기다	to be good looking
오늘	today	장르	genre
오다	to come	장모님	mother-in-law

장인	father-in-law
재활용	reusable
저녁	dinner
전공	major
전달하다	to send
전세	full rent payment
전자제품	electronics
전혀	not at all
점심	lunch
정말	really
조카	nephew
조카딸	niece
주식	stock
주연 배우	main actor
중요하다	to be important
즐겁다	to be happy/to be pleasant
즐기다	to enjoy
지방	fat
지원서	application form
직원	employee
집	house
집주인	landlord
찌개	jjigae (type of Korean stew)

ㅊ	
차갑다	to be cold
착잡하다	to have mixed feelings
책	book
책임적	responsible
체력	training
촬영	shooting
축구	football
취미	hobby
취직	finding a job
취향	taste
치마	skirt
친구	friend
친척	relative

ㅋ	
칼슘	calcium
캠핑	camping
커피 캔	coffee can
케이크	cake
코치	coach
콜라 캔	can of cola

ㅌ	
탄수화물	carbohydrates
테니스	tennis
토요일	Saturday
통화	talking on the telephone
투자	investment
팀	team

ㅍ	
파란색	blue
판타지	fantasy
팔다	to sell
풀리다	to be released or work out
프로듀서	producer
피아노	piano
필요하다	to need

ㅎ	
하얀색	white
학교	school
학원	cram school
항상	always
해물	seafood
행복	happiness
헬스	health
헷갈리다	to be confused
화가	artist
화나다	to get angry
확인하다	to confirm
활동	activity
회계사	accountant
회사	company
회화	dialogue
휴가	break

	아/어요	ㅂ니다	으면	ㄴ/는 (present tense)	Definition
바쁘다	바빠요	바쁩니다	바쁘면	바쁜	to be busy
예쁘다	예뻐요	예쁩니다	예쁘면	예쁜	to be pretty
크다	커요	큽니다	크면	큰	to be large
걷다	걸어요	걷습니다	걸으면	걷는	to walk
듣다	들어요	듣습니다	들으면	듣는	to listen
묻다	물어요	묻습니다	물으면	묻는	to ask
하얗다	하얘요	하얗습니다	하야면	하얀	to be white
이렇다	이래요	이렇습니다	이러면	이런	to be like this
어떻다	어때요	어떻습니다	어떠면	어떤	to be a certain way
짓다	지어요	짓습니다	지으면	짓는	to build
붓다	부어요	붓습니다	부으면	붓는	to pour
낫다	나아요	낫습니다	나으면	낫는	to get better
춥다	추워요	춥습니다	추우면	추운	to be cold
아름답다	아름다워요	아름답습니다	아름다우면	아름다운	to be beautiful
어렵다	어려워요	어렵습니다	어려우면	어려운	to be difficult
만들다	만들어요	만듭니다	만들면	만드는	to make
열다	열어요	엽니다	열면	여는	to open
멀다	멀어요	멉니다	멀면	먼	to be far
모르다	몰라요	모릅니다	모르면	모르는	to not know
다르다	달라요	다릅니다	다르면	다른	to be different
빠르다	빨라요	빠릅니다	빠르면	빠른	to be fast

The two major frameworks for teaching, learning and assessing foreign language proficiency are the Common European Framework of Reference for language (CEFR) used with the European Language Portfolio (ELP) and the American Council on the Teaching of Foreign Languages (ACTFL) proficiency guidelines. Both are used for testing and certification as well as in textbooks, language teacher training, curriculum development and development of assessment standards. While little empirical research is available to compare the two systems, an approximate correspondence can be established. Note that the ACTFL system divides the skills into receptive (reading and listening) and productive (speaking and writing), with the expectation of different proficiency levels in those skills. This table shows a comparison of the CEFR global descriptors and ACTFL proficiency levels. For both systems, language proficiency is emphasized over mastery of textbook grammar and spelling.

CEFR	ACTFL	
	RECEPTIVE	PRODUCTIVE
C2 Can understand with ease virtually everything heard or read. Can summarize information from different spoken and written sources, reconstructing arguments and accounts in a coherent presentation. Can express him/herself spontaneously, very fluently and precisely, differentiating finer shades of meaning even in more complex situations.	Distinguished	Superior
C1 Can understand a wide range of demanding, longer texts, and recognize implicit meaning. Can express him/herself fluently and spontaneously without much obvious searching for expressions. Can use language flexibly and effectively for social, academic and professional purposes. Can produce clear, well-structured, detailed text on complex subjects, showing controlled use of organizational patterns, connectors and cohesive devices.	Advanced High/Superior	Advanced High
B2 Can understand the main ideas of complex text on both concrete and abstract topics, including technical discussions in his/her field of specialization. Can interact with a degree of fluency and spontaneity that makes regular interaction with native speakers quite possible without strain for either party. Can produce clear, detailed text on a wide range of subjects and explain a viewpoint on a topical issue giving the advantages and disadvantages of various options.	Advanced Mid	Advanced Low/Advanced Mid
B1 Can understand the main points of clear standard input on familiar matters regularly encountered in work, school, leisure, etc. Can deal with most situations likely to arise whilst travelling in an area where the language is spoken. Can produce simple connected text on topics which are familiar or of personal interest. Can describe experiences and events, dreams, hopes and ambitions and briefly give reasons and explanations for opinions and plans.	Intermediate High/Advanced Low	Intermediate Mid/Intermediate High

A2 Can understand sentences and frequently used expressions related to areas of most immediate relevance (e.g. very basic personal and family information, shopping, local geography, employment). Can communicate in simple and routine tasks requiring a simple and direct exchange of information on familiar and routine matters. Can describe in simple terms aspects of his/her background, immediate environment and matters in areas of immediate need.	Intermediate Mid	Intermediate Low
A1 Can understand and use familiar everyday expressions and very basic phrases aimed at the satisfaction of needs of a concrete type. Can introduce him/herself and others and can ask and answer questions about personal details such as where he/she lives, people he/she knows and things he/she has. Can interact in a simple way provided the other person talks slowly and clearly and is prepared to help.	Novice High/Intermediate Low	Novice High
Ø	Novice Low/Novice Mid	Novice Low/Novice Mid

This chart represents an approximate comparison between the CEFR and ACTFL language proficiency levels. For more information, see the following resources:

American Council on the Teaching of Foreign Languages. Assigning CEFR ratings to ACTFL assessment. 2016. Available at https://www.actfl.org/sites/default/files/reports/Assigning_CEFR_Ratings_To_ACTFL_Assessments.pdf

American Council on the Teaching of Foreign Languages. ACTFL proficiency guidelines 2012. 2012. Available at http://actflproficiencyguidelines2012.org/

American Council on the Teaching of Foreign Languages. ACTFL performance descriptors for language learners. 2012.

American Council on the Teaching of Foreign Languages. NCSSFL-ACTFL Can-Do statements: Progress Indicators for Language Learners. 2013.

American Council on the Teaching of Foreign Languages. NCSSFL-ACTF Global Can-Do Benchmarks. 2013. http://www.actfl.org/global_statements

Council of Europe. Common European Framework of Reference for Languages: Learning, Teaching, Assessment. Cambridge, UK: Press Syndicate of the University of Cambridge, 2001.

Council of Europe. The European Language Portfolio. http://www.coe.int/en/web/portfolio

Council of Europe. Language Policy homepage. http://www.coe.int/t/dg4/linguistic/